바보의 벽을 넘어서

CHO BAKA NO KABE
by YORO Takeshi

Copyright ⓒ 2006 YORO Takeshi
All rights reserved.
Originally published in Japan by Shinchosha Co., Tokyo.
Korean translation rights arranged with Shinchosha Co., Japan
through THE SAKAI AGENCY and EntersKorea Co., Ltd.

이 책의 한국어판 저작권은 (주)엔터스코리아/THE SAKAI AGENCY를 통한
일본의 Shinchosha Co.와의 독점 계약으로 도서출판 재인이 소유합니다.
신저작권법에 의하여 한국 내에서 보호를 받는 저작물이므로
무단전재와 무단복제를 금합니다.

바보의 벽을 넘어서

초판 1쇄 펴낸 날 2006년 4월 6일 **지은이** 요로 다케시 **옮긴이** 이혁재 **펴낸이** 박설림
펴낸곳 도서출판 재인 **디자인** 오필민 · 김화수
등록 2003. 7. 2. 제 300-2003-119 **주소** 143-849 서울시 광진구 능동 256-3 나이스 빌딩 3층
전화 02-456-1363 **팩스** 02-456-1362

ISBN 89-90982-16-2 03100 Copyright ⓒ 재인, 2006 Printed in Korea.

책값은 뒤표지에 있습니다. 잘못된 책은 바꿔드립니다.

바보의 벽을 넘어서

超バカの壁

요로 다케시

이혁재 옮김

재인

지은이의 글

이 책은 『바보의 벽』, 『죽음의 벽』의 속편입니다. 앞서 나왔던 두 권의 책에 '어리석은' 주장을 펼쳤던 탓인지 많은 독자께서 질문을 해오셨습니다.

"선생님이 말씀하신 내용을 실제로 제 경우에 적용하면 어떻게 되나요."

이런 식으로 독자 본인의 신상과 관련된 질문이 많았습니다. 출판사가 그런 질문들을 취합했고, 질문에 답하는 형식으로 만든 것이 이번 책입니다.

독자 중에는 저에게서 구체적인 답변을 얻으려는 분들도 계셨습니다. 하지만 저는 그런 자세에는 동의하지 않습니다. 자신의 문제는 자기 자신이 결정해야 하는 것이기 때문입니다. 더구나 독자들이 처해 있는 구체적인 상황은 독자 본인밖에 모릅니다. 따라서 제가 전해 드릴 수 있는 것이라곤 '사고 방식' 정도입니다.

예를 들어 설명해 보겠습니다. 제 강연회에 100명의 청중이 참석했다고 합시다. 청중 100명의 눈에 비친 제 모습은 각기 다를 겁니다. 하지만 현대인은 그러한 '다름'을 사소한 차이로 간주합니다. 무시해 버립니다. 거기서 현대의 불행이 시작됩니다. 사소한 차이에서 비롯된 다름이 결국 커다란 차이로 이어지기 때문입니다.

인생이란 그런 사소한 체험의 반복이자 축적입니다. 나이를 먹으면서 사소함이 쌓이고 쌓여 경륜이 됩니다. '노인에겐 경험이 있다.'는 것은 바로 이를 말하는 것입니다.

구체적인 주제를 다뤘기 때문에 글쓰기가 만만치 않았습니다. 구체적으로 설명하면 독자들이 이해하기는 좋지만, '모델 문제'가 발생하기 때문입니다. 사례로 든 모델에게 피해가 가기도 하고, 적절치 못한 모델을 예로 들 위험도 있습니다.

실재하는 모델, 즉 실존하는 사람이나 조직을 예로 들 경우엔 난처한 일이 발생할 수 있습니다. 그 모델에 대한 제 비평이 비난으로 비칠 수도 있습니다. 물론 비난이나 욕설이 결코 아니라는 점을 강조합니다. 모델에 대한 악의도 없고 그들과 이해 관계도 없습니다. 제 생각을 솔직히 밝힌 것에 불과합니다. 깊은 이해와 용서를 바랍니다.

요로 다케시

옮긴이의 글

이 책은 『바보의 벽』, 『죽음의 벽』의 속편인 셈이다. 더불어 "얼마 남지 않은 인생, 이제는 곤충에만 몰두하겠다."는 저자의 말을 감안할 때 마지막 저서가 될 것 같다.

저자, 요로 다케시는 요즘 세상에 문제가 많다고 말한다. 특히 사람들이 사물을 보는 시각에 잘못이 있다는 '늙은 저자'의 주장에는 경청할 바가 많다.

저자는, 요즘은 '독창적인' 혹은 '개성적인'이란 표현과, 이를 장려하는 사상이 판치는 세상이 됐으며 "그런 잘못된 사상 때문에 젊은이들이 방황한다."고 일갈한다. 자신에게 최고 가치를 두는, 자신은 세상 그 어느 것과도 다른 존재라는 생각이 주입되고 권장되기 때문에 취직하지 않으려는 젊은이가 많다고도 지적한다. 젊은이가 그런 생각을 하고 있다면 세상의 모든 직업이 하찮아 보이지 않겠느냐는 것이다.

"저는 직장이란 것은 사회에 뚫린 '구멍'이라고 생각합니다. 그런 구멍은 메워야 합니다. 그것이 바로 '일'입니다."

이것이 직업에 대한 저자의 정의이며 "일은 당신을 위해 존재하는 것이 아니라, 사회의 필요에 의해 생겨난다."는 것이 젊은 이에 대한 저자의 제안이다.

저자는 또 자기 자신의 존재 의미가 무엇인지 찾아 헤매는, 시간을 허비하는 현대인에 대해서도 한 마디 했다.

"자기 자신을 어떻게 표현하건 자신이란 존재는 변함없이 자신이란 형태로 존재한다."

요로 다케시의 독자 중에 "어떻게 하면 테러를 막을 수 있느냐."고 질문했던 사람이 있었던 듯하다. 저자는 예방, 보수, 윤리라는 세 가지 단어로 답변한다.

예방

예방이 중요하다. 예방할 수 있다면 불행한 일은 발생하지 않는다. 테러의 근원은 일원론에 있으며, 일원론적 사고에서 벗어나면 된다.

보수

사회가 진정으로 진보한다는 것은 속속 변하는 것이 아니라, 나날이 평온해지는 것이다. 위험을 사전에 봉쇄하는 것이 바로 진보이다.

윤리

윤리라는 단어를 들으면 '추상적인 규율'이 연상된다. 하지만 출력, 즉 행동을 실질적으로 규제하는 실체적 존재가 바로 윤리이다. 테러는 윤리 문제이다.

저자는 이 책 전반을 흐르는 통일된 주제가 없다고 했지만, 두 가지 주장이 책 이곳 저곳에서 강조된다. 하나는 자연으로의 회귀이다. 저자는 '소자화(少子化)' 문제에서 왕따에 이르기까지 모든 원인을 자연 배척에서 찾고 있다. 즉 소자화란 자연적인 존재인 어린이를 도시화한 사람들이 배척하기 때문에 발생한다는 것이다.

"어린이는 자연이다. 그리고 도시화한다는 것은 자연을 배제하는 행위이다. 따라서 도시화된 사회는 당연히 어린이를 배제하게 된다. 어린이다움, 자연스러움을 인정하지 않은 채 대입 예비군으로만 생각한다."

저자가 혐오에 가까운 거부 반응을 보이는 것이 '이렇게 하면 저렇게 된다.'는 사고 방식이다. 이것이 책 전반에서 강조하는 두번째 내용이다. 구체적인 사례로 든 것이 카오스 이론, 프랙털 이론이다. 두 이론은 "이론적으론 완벽에 가깝더라도 현실과 맞지 않는 경우가 있으며, 이는 사회과학뿐 아니라 자연과학,

심지어 수학의 경우에도 적용된다."는 것이다. 책 전반에 이 같은 주장이 빈번히 나타남을 감안하면 '이렇게 하면 저렇게 되기 마련'이라는 사고 방식을 저자는 몹시 혐오하는 것 같다.

저자는 책 후기에서 자기 같은 노인이 지금까지 그런대로 잘 버텨올 수 있어 행복하다는 식으로 말한다. 그리고 저자는 노인이란 존재에 대해 이렇게 표현한다.

"인생은 사소한 체험의 반복이자 축적이다. 나이를 먹으면 사소함이 쌓이고 쌓여 경륜이 된다."

그런 경륜을 통해 노인이 된 저자는 21세기의 급박한 삶을 사는 우리들에게 다음과 같이 마음 편해지는 말들을 전하고 있다.

"뇌는 정상인데 왠지 마음이 초조할 때가 있다. 모든 것을 남의 탓으로만 돌리려 할 때 그렇게 초조해진다."

"완벽을 추구하지 말라. 아무리 완벽한 사회를 만들어내도 문제를 일으키는 사람은 나오기 마련이다. 모세의 십계조차 수천 년 동안이나 지켜지지 않았다."

"도망치지 말라. 최선을 다하라. 하찮은 일에도 최선을 다하라."

2006년 3월 이혁재

차례

지은이의 글 5

옮긴이의 글 7

01 젊은이의 문제

과연 요즘 젊은이는 폭력적인가 17 | 요카렌카에리 18 | '모라토리엄 인간' 20 | 나도 '프리터'가 꿈이었다 22 | 직업은 '구멍을 메우는 일' 24 | '나에게 딱 맞는 직장' 따윈 없다 28 | 세습은 나쁜가 29 | 진심으로, 진정으로, 최선을 다하라 31 | 니트족에게 감사를 32 | 복권을 사지 않는 한 당첨되지 않는다 35 | 선견성보다는 보편성 37 | '자기'에 대한 착각 38 | 집착이란 이름의 습관 40

02 자기 자신이란

자기 자신이란 과연 무엇인가 45 | 무의식의 본질적 확신 48 | 멋대로 작동하는 뇌 49 | 공(公)과 사(私)의 구분 51 | 무아(無我) 54

03 테러의 문제

테러에 맞서 싸워야 하는가 59 | 테러의 근원은 일원론 60
'보수(保守)'의 의미 61 | 자살폭탄 테러와 가미카제 특공대 62
제동이 걸리지 않는 사람들 63 | 사랑도 테러다 66 | 혈세의 의미 66
고이즈미의 송이버섯 68

04 남녀의 문제

여자는 실체, 남자는 현상 73 | 여자, 인간 상식의 중간 지점 76
정치인의 밤 78 | 동물도 완고하다 80

05 자녀의 문제

'소자화(少子化)'는 왜 발생하나 85 | 하늘이 맡기신 보물 86
아무것도 가르치지 않았다 89 | 자녀 중심으로 생각한다 90
도시락의 날 92 | 매일매일 돌봐 주라 94 | '이렇게 하면 저렇게 된다.'
방식 95 | 어린이와 주식은 다르다 98 | 절반으로 줄어든 세상 99
왕따를 유발하는 요인 101

06 전쟁, 그 이후

전쟁을 실감하지 못하는 세대 107 | 일본 기업의 노동 착취 108
분단에 대한 책임 110 | 헌법 9조와 양심의 가책 111
여론 조사의 왜곡 113 | 피해자 근성 114

07 야스쿠니 문제와 위령제

개인으로서의 참배는 본인의 자유 119 | 무종교 묘지 120
사형수를 위한 위령제 121 | 정교 분리 122

08 돈의 문제

한 달 치 봉급과 컴퓨터 한 대 127 | 나에게 남으면 누군가는 모자란다 129
돈으로 해결할 수 있는 문제라면… 130 | 진정한 가치 132

09 마음의 문제

마음의 상처는 스스로 극복하라 137 | 재난과 전쟁의 PTSD 139
페로몬과 기피 물질 141 | 좋고 싫음을 결정하는 변연계 143
연쇄 살인범의 뇌 146

10 인간 관계의 문제

포기하지 못하는 사람들 151 | 노후 생활을 즐겨라 152 | 초조해하는 사람을 대하는 법 154 | 포지티브 피드백 155 | 원칙이 있으면 흔들림이 없다 158 | 직업 윤리가 필요하다 159

11 시스템의 문제

일본어는 '읽기' 중심의 언어 165 | 인터넷과 문화 166 | TV의 영향 168 | "현실은 이론보다 복잡하다" - 카오스(Chaos) 이론 170 | "기준에 따라 다르다" - 프랙털(Fractal) 이론 172 | "아무것도 알 수 없다" - 안티 객관주의 174 | 강수 확률 몇% 176 | 시스템의 복잡함 177 | 엔트로피와 까마귀 179 | 현실을 인정하라 181

12 최선을 다하라

오해의 자유 185 | 오해하는 사람이 손해 186 | '본분을 안다' 188 | 망설이지 말고 시작하라 190 | 스스로 판단하고 결정하라 192 | 정면 승부하라 193 | 하찮은 일에도 최선을 다하라 195

글을 쓰고 나서 198

01

젊은이의 문제

'히데요시의 조리토리(草履取り)'라는 유명한 에피소드가 있습니다.

'조리토리'란 주군의 신발을 관리하는 하인을 말합니다. 오다 노부나가(織田信長)의 신발 관리자라는 말단직에서 시작한 도요토미 히데요시(豊臣秀吉)는 결국 천하를 차지하게 됩니다.

히데요시는 눈 속에서 벌벌 떨며 주군, 노부나가의 신발을 품어 따뜻하게 녹이고 있었습니다. 노부나가가 그 장면을 목격한 것이 히데요시가 주군의 눈에 들게 된 계기입니다.

자신의 일에 최선을 다하고 진심으로 임한다는 것이 얼마나 중요한지를 가르쳐 주는 일화입니다. 진심으로, 진정으로, 최선을 다해 일하라는 교훈입니다.

과연 요즘 젊은이는 폭력적인가

얼마 전 한 탤런트가 술에 취해 난동을 부렸습니다. 미성년자였던 그 탤런트는 TV 출연이 무기한 금지됐고, 사회적으로 큰 화제가 됐습니다.

하지만 예전에는 젊은이가 술을 마시고 난동을 부려도 큰 화제가 되지는 않았습니다. 그런 짓을 거듭한다면야 문제겠지만, 잘못을 저지른 젊은이를 엄하게 꾸짖은 뒤 깨끗이 잊어 주는 것이 과거의 관례였습니다.

"요즘 젊은이들은 어른이 주의를 주면 덤벼든다."

"젊은 놈들이 반항적이다."

"폭력적이다."

이런 말을 곧잘 듣습니다. 실제 그럴까요. 전에 비해 요즘 젊은이가 더 폭력적일까요. 과거와 요즘 젊은이를 정확히 비교할 수 있을까요.

폭력적인 젊은이가 늘었는지를 통계학적으로 파악하기는 매우 어렵습니다. 또 과거의 통계 수치와 요즘 것을 단순히 비교한다고 실태를 알 수 있는 것도 아닙니다. 잘 생각해 보면 단순 비교가 어려운 이유를 알 수 있습니다. 서로 잘 모르는 젊은이와 노인이 접촉할 가능성은 요즘이 훨씬 높습니다. 만원 지하철에서 두 세대가 접촉하는 빈도 역시 오늘날이 압도적으로 높습니다.

요즘 젊은이가 더 폭력적으로 보이는 근본적인 이유는, 인구 증가에 있습니다. 전체 인구는 줄어들지만 노인 인구는 늘어납니다. 전에는 서로를 잘 아는 젊은이와 노인이, 매일 만나는 장소에서 만났습니다. 상대가 어디 사는 누구인지 잘 알았습니다. 요즘처럼 '저 영감탱이'가 아니라 '홍 아무개 씨 집에 사시는 홍씨 할아버지'라는 고유 명사로 알고 지냈습니다. 하지만 요즘은 서로가 '불특정' 인간입니다.

이러한 상황 변화를 감안하지 않은 채 젊은이의 폭력 사건 발생 건수만 비교한다는 것은 의미가 없습니다. 그렇기 때문에 요즘 젊은이가 과거보다 더 폭력적인지 저는 알지 못합니다.

폭력성만 따진다면 일본이 전쟁의 피로 물들었던 15~16세기의 전국 시대(戰國時代) 젊은이들이 훨씬 많은 사람을 죽였습니다.

요카렌카에리

전쟁으로 날이 새고 지던 전국 시대와 비교한다는 것은 다소 억지 같아 보이기도 합니다. 하지만 저의 젊은 시절과 비교해 봐도 요즘 젊은이들이 오히려 점잖습니다. 욱하며 성질내는 경우가 적은 것 같습니다.

어린 시절, 우리 마을에는 가미카제(神風) 자살 특공대 출신이 많이 있었습니다. 자살 특공대로 선발은 됐지만, 출격하기 전에 전쟁이 끝나 살아남은 사람들이었습니다. 고향으로 돌아온 그들을 요카렌카에리(豫科鍊歸り)라 불렀습니다.

고향엔 돌아왔지만 할 일이 없었습니다. 패전의 낙담과 할 일이 없는 상황 탓인지 품행이 좋지 않은 망나니가 많았습니다. 군대에서 혹독한 훈련을 받아 체력이 엄청나게 좋았던 그들이, 어린이 두 명을 붙잡아 강으로 내던지는 장면도 봤습니다. 어린이들이 울면서 겨우겨우 강기슭으로 기어 올라오면 다시 던져 넣었습니다. 어린 시절 그런 광경을 목격했기 때문에 요즘 젊은이들이 난폭하다는 말에 동의하지 않습니다.

1960년대의 대학생들은 사회 개혁을 부르짖으며 난폭한 행태를 보였습니다. 그들과 비교해도 요즘 젊은이가 점잖습니다. 아니, 폭력에 너무도 익숙하지 못합니다. 별 이유도 없이 돌연 화를 내며 폭력을 행사하는 젊은이들이 있는데, 폭력에 익숙하지 못하기 때문에 그런 '미숙한 폭력'을 보이는 것 같습니다.

'모라토리엄 인간'

살아 돌아온 가미카제 특공대 중에는 망나니와 정반대 유형을 보이는 사람도 있었습니다. 패전이란 현실에 의기소침한 채 하루하루를 보냈습니다. 당연합니다. 고등학생 나이의 젊은이들이 '1억 옥쇄(玉碎. 일본 국민 전체가 목숨으로 나라를 지킨다는 뜻-옮긴이)'를 굳게 믿고 나라를 위해 죽을 각오를 하고 있었는데, 그러한 신념이 하루아침에 무너졌기 때문이었습니다. 그간 소중히 간직했던 인생관을 버리고 새로운 인생관, 인생 철학을 찾아야 했습니다. 나라를 위해 목숨을 버리기로 결심했는데 돌연 평화가 찾아왔기 때문에 모든 기준이 무너졌습니다. 넋이 나갈 수밖에 없습니다.

특공대 출신 중 일부는 오늘날의 '니트(NEET=Not in Education, Employment or Training. 자신에게 맞는 직종이 없다며 생계를 위한 어떤 일도 하지 않고, 할 의지도 없는 청년 무직자-옮긴이)족'과 유사한 생활을 보냈습니다. 요즘 니트족이나 프리터(free+arbeiter. 아르바이트 등 일시적인 직장을 통해 생계를 유지할 뿐 항구적인 직장을 찾지 않는 사람-옮긴이)가 문제가 되고 있습니다. 그러나 그런 사람은 전에도 있었습니다.

생각해 보니 저 역시 젊은 시절엔 프리터와 별 차이가 없었습니다. 29세가 되도록 월급이란 것을 받아 본 적이 없었습니다. 저만 그랬던 것은 아닙니다. 당시 의대생은 대학을 나와도 그런 신세를 면할 수가 없었습니다. 24세에 대학을 졸업하고 25세에 인턴을 마친 뒤에도 다시 4년간 대학원을 다녀야 했으니까요. 그 사이 월급은 없습니다.

부모에게만 의존할 수는 없는 노릇이어서 아르바이트를 하며 겨우겨우 생활을 해결했습니다. 물론, 최종 종착지는 의사이기 때문에 오늘날의 프리터와 완벽하게 일치하지는 않습니다. 고학생 비슷합니다. 그래도 프리터의 심정은 알 것 같습니다. 제가 의대를 지망한 이유 중 하나가 학생 신분으로 지낼 수 있는 기간이 길다는 것이었습니다.

당시에는 저 같은 생각을 가진 사람을 '모라토리엄 인간(모라토리엄이란 유예 기간을 말하는 것으로, 지적·육체적으로는 성인이 되었는데도 사회적 의무나 책임을 유예한 상태로 언제까지나 머무르고자 하는 심리 구조를 가진 사람을 일컫는다 - 옮긴이)'이라고 불렀습니다. 오코노기 게이고(小此木啓吾)의 저서, 『모라토리엄 인간 시대(モラトリアム人間の時代)』(1978, 中央公論新社)란 책이 베스트셀러가 되기도 했지요. 저에게도 그런 모라토리엄적인 기분, 즉 '취직을 하지 않고 살아가고 싶은 소망'이 있었습니다.

요즘 프리터가 늘었다고들 합니다. 하지만 모든 사람이 갖고 있는 소망이 거리낌없이 실천으로 옮겨지는 것에 불과한 것 아닐까요. 전에는 마음 속 깊은 곳에 묻어 뒀는데, 이제는 '모라토리엄 인간'을 실제 행동으로 옮기는 사람이 늘어난 것입니다.

물론 전에도 소망을 실천하는 사람이 있었고, 고학력 실업자 등의 형태로 나타났습니다. 그런 사람과 프리터 사이에 큰 차이는 없습니다.

나도 '프리터'가 꿈이었다

전에도 프리터와 니트족의 중간쯤에 위치한 사람들이 있었습니다. 정규 직장을 갖지 않은 채 필요할 때만 임시직으로 취업해 돈을 벌곤 했습니다. 과거에는 프리터, 니트족이라는 표현과, 그 표현에 대한 구체적인 개념이 정립되지 않았을 뿐입니다. 심정적으론 그렇게 되고 싶어했던 사람이 분명 있었습니다. 프리터와 니트족은 인간의 본성이라고 해도 좋을 것입니다. 요즘 들어 공개적으로 본성을 실천하는 사람이 늘어났을 뿐입니다.

프리터가 늘어나는 것은 사실입니다. 이는 젊은이가 자유롭게 프리터나 니트족이 될 수 있는 환경이 마련됐기 때문입니다.

전에는 먹고살려면 반드시 취직해야 했습니다.

또한 과거에는 고등학생들이 모두 대학에 가려고 하지도 않았습니다. 중학교만 졸업해도 '황금알'이라 불렸지요. 중학교나 고등학교만 나와도 여기저기서 모셔 갔기 때문에 '별수없이' 취직했던 겁니다. 시대가 그랬기 때문에 프리터나 니트족이 발생할 여지가 적었을 뿐입니다.

요즘 어른들은 곧잘 이런 식으로 설교합니다.

"우리 때는 참 열심히 일했지. '어른'이 된다는 의미를 알고 있었어. 요즘 젊은 놈들은 그걸 몰라. 눈을 씻고 찾아봐도 쓸모라곤 없는 녀석들이야."

하지만 어른들의 '우리 때'에도 21세기형 인간들이 있었습니다. 일본의 전통 만담(漫談) 형식인 '라쿠고(落語)'에도 요즘의 프리터, 니트 유형의 인간이 등장하는 것을 보면 과거에도 존재했음이 명백해집니다. 나쓰메 소세키(夏目漱石)는 그런 사람을 '고등 유민(高等遊民)'이라 불렀습니다. 사실 저도 그런 생활을 하고 싶었습니다. 하지만 꿈을 이루지 못한 채 현재에 이른 것입니다. 프리터로서도 살아갈 수 있는 환경이 갖춰진 오늘날, 프리터가 늘어나는 것은 당연합니다.

대부분의 사람은 '열심히 일하지 않아도 살아갈 수 있는 환경'을 이상적이라고 생각합니다. 하지만 과거에는 그런 삶을 살 수 있는 사람이 지주나 자산가밖에 없었습니다.

경제학자인 구사카 기민도(日下公人) 씨에게 이런 얘기를 들었습니다. 2차 대전 당시에는 경찰이 밤에 여관을 돌며 숙박 장부를 조사했습니다. 직업란에 '무직'이라고 적은 투숙객이 있으면 경찰은 "오늘은 객종(客種)이 좋네."라고 했다고 합니다. 요즘은 숙박부에 무직이라고 적으면 경찰이 신분증 제시를 요구하기도 합니다. 하지만 전에는 일하지 않아도 먹고살 수 있는 '무직'은 지주 등 거부(巨富)라는 것이 상식이었습니다.

사실 국민 모두가 일해야 한다는 개념은 과거에도 없었습니다. 전쟁이 발발해 나라의 힘을 총집결해야 하는 상황이 벌어지면서 국민 모두가 일해야 한다는 '국민개노동(國民皆勞動)'이 상식이 된 것뿐입니다. 즉 국민개노동의 계기는 전쟁입니다. 요즘은 풍요로운 사회가 됐기 때문에 모든 사람이 일하지 않아도 심각한 문제가 발생하지는 않습니다.

직업은 '구멍을 메우는 일'

니트족이나 프리터가 꼭 행복한 것은 아닙니다. 현실에 만족하지 못한 채 뭔가를 추구하는 사람들이기 때문입니다. "왜 취직하지 않느냐"고 물으면 "나에게 맞는 일을 찾지 못했기 때문"이란 답변이 제일 많다고 합니다.

저는 그런 답변을 이해할 수 없습니다. 어떻게 20대의 나이에 자신의 적성을 완벽하게 파악할 수 있단 말입니까. 아무 내용도 없는 공허한 변명에 불과합니다.

저는 일거리, 혹은 직장이라는 것이 사회에 뚫린 '구멍'이라고 생각합니다. 그런 구멍을 방치하면 피해가 발생합니다. 사회 곳곳에서 발견되는 구멍을 찾아내 메워야 합니다. 그것이 바로 '직업'입니다.

사회에 뚫린 구멍을 메우는 것이 직업이기 때문에, 자신에게 딱 맞는 구멍이란 있을 수 없습니다. 자신의 희망보다 사회의 구멍이 먼저 태어났고 존재했기 때문입니다.

자신에게 맞는 직업을 찾는다는 말은 자신의 '취향'에 맞는 구멍을 찾는다는 말이 됩니다. "말도 안 되는 소리 마라."고 퍼붓고 싶어집니다. 일이 자신에게 맞지 않는 것이 오히려 당연합니다.

저는 오랜 세월 해부를 해왔습니다. 시체를 받아 와 연구실에서 해부하고 뼈를 발라내 유족에게 반환하는 모든 과정이 제 일입니다. 그 일 가운데 도대체 어떤 부분이 저에게 맞는 걸까요.

시체를 칼로 이리저리 자르는 일이 적성에 맞는 인간이 있을까요. 천성적으로 그런 일을 좋아하는 사람은 없습니다.

하지만 사회는 해부라는 일을 필요로 합니다. 사회에 해부라는 구멍이 뚫려 있는 것입니다. 그 구멍을 메워야 합니다. '왜 이렇게 힘들고 사람을 처절하게 만드는 일을 해야만 하나.'라고 생각했던 적도 있었습니다. 하지만 그 일을 하면 월급이 나왔습니다. 대학이 아니라, 사회가 대학을 통해 저에게 월급을 줬던 셈입니다.

해부를 전문 분야로 택한 가장 큰 이유는 살아 있는 환자를 치료하지 않아도 되기 때문이었습니다. 해부를 택함으로써 가장 좋았던 점은 저 때문에 환자가 죽는 일이 절대 없다는 것이었습니다. 그 점만은 100% 안심할 수 있었습니다. 물론 유족에 대한 배려, 대처 등 간단치 않은 일들도 많이 있었습니다.

사회와 직업은 원래 그런 것입니다. 좋은 점과 나쁜 점이 모두 있습니다. 해부라는 일을 하게 되면 환자 치료에서는 해방되는 대신, 유족을 상대하고 돌봐야 합니다. 좋은 점, 나쁜 점의 합계가 '0'만 되면 됩니다. 일거리란 원래 그런 것이기 때문에 '나에게 맞는 일' 따위의 말도 안 되는 생각은 할 필요가 없습니다.

사장 자리까지 올라간 샐러리맨 모두가, 입사 때부터 큰 뜻을 품었던 것은 아닙니다. 일이 적성에 맞느냐의 여부보다 더 중요한 것은, 일단 일을 맡으면 최선을 다해서 완벽히 해내는 자세입니다. 처음부터 끝까지 철저히 해내야 합니다. 최선을 다해 일을 하다 보면 생각이 바뀌게 됩니다. 성장하게 됩니다. 제 결론은 '일에 최선을 다하라.'는 것입니다.

구멍을 메우는 것이 아니라, 평지에 쓸데없는 산을 만드는 것을 일이라고 생각하는 사람도 많습니다. 과연 사회가 필요로 하는 일인지 아닌지 생각하지 않기 때문입니다. 불필요한 다리나 건물을 만드는 것도 바로 쓸데없는 산을 만드는 행위 중 하나입니다. 자신은 구멍을 메운다고 여기지만, 사실은 산을 만드는 경우도 많습니다.

따지고 보면 구멍을 메우는 것이 산을 만드는 것보다 쉽습니다. 작은 노력으로도 가능합니다. 내가 메운 분량만큼 세상은 평평해지고, 걷기 편해집니다. 반면 산은 장애 요인입니다.

일은 당신을 위해 존재하는 것이 아니라, 사회의 필요에 의해 생겨납니다.

'나에게 딱 맞는 직장' 따윈 없다

왜 젊은이들은 "일이 마음에 들지 않는다." "회사 업무가 재미없다."고들 할까요. 자기가 하는 일이 인간이 만들어낸 것이라고 생각하기 때문입니다. 하지만 일감을 나눠 주는 것은 회사가 아닙니다. 회사는 사회 속의 구멍을 메우는 존재일 뿐입니다.

"사회를 위해 일하라!"고 주장하면 '봉건적'이라고 비판받을지도 모릅니다. 반면 "자신을 빛내 주는 직장을 찾아라!"라는 말에는 많은 사람이 갈채를 보내겠지요. 하지만 자신을 빛낼 수 있는 직장 따위는 없습니다. 거짓입니다. 자신이 사회보다 먼저 있었던 것이 아니라, 자신에 앞서 사회의 구멍이 존재해 왔기 때문입니다.

저는 제 일이 적성에 맞지 않습니다. 지금도 해부 등 본업보다는 곤충 채집이 좋습니다. 곤충을 채집할 때는 일에 전혀 위화감이 없습니다. 다만 문제는 곤충만 쫓아다니다간 의식주가 해결되지 않는다는 것이지요.

적성에 맞는 곤충 채집을 계속하려면 어떻게 해야 할까요. 결론은 바로 나옵니다. '큰 재산이나 이렇다 할 능력이 없으니 일을 해야 한다.'는 것입니다. 그래서 적성에는 맞지 않지만 사표를 내라는 말을 듣기 전까지는 지금 하는 일을 계속할 생각입니다. 자신이 하는 일이 천직이라고 생각하는 사람은 드뭅니다.

곤충 채집이 적성에 맞지만, 그것을 정식 직업으로 삼아도 좋을지는 의문입니다. 만약 곤충 채집이 본업이 돼 버리면 즐거움이 무거운 짐으로 변할 수 있기 때문입니다. 어떤 일이 즐거운 이유는, 그 일을 할 때 무책임한 행동이 허용되기 때문인 경우가 많습니다.

세습은 나쁜가

직업의 세습에 찬성합니다. 세습은 봉건적이란 이유로 한때 비판 대상이었습니다. 고이즈미 준이치로(小泉純一郎) 총리는 3대째 대를 이어 정치를 하고 있고, 비판을 받는 일도 있습니다. 하지만 세습 정치인이란 이유 때문에 비판받는 경우는 별로 없습니다.

의사라는 직업도 대를 이어 하는 경우가 드물지 않습니다. 지역적·학벌적 기반이 필요한 직업은 세습이 불가피한 경우가 있습니다.

"아버지가 돌아가셨기 때문에 이제 저희 병원은 문을 닫습니다."

세습이 나쁘다고 이런 식으로 병원 문을 닫아 버린다면 주민들이 어려움을 겪게 됩니다. 반면 병원을 세습할 경우 의료 설비 등 하드웨어적인 문제가 쉽게 해결됩니다.

대신, 직업을 자녀에게 물려줄 경우에는 어렸을 때부터 그 직업에 대해 철저히 가르쳐야 합니다. 대를 이을 자녀가 없거나 자녀의 자질이 떨어진다면 재능 있는 인물을 데려와 양자로 삼으면 됩니다. 일본 사회는 그렇게 유지돼 왔습니다.

전에는 양자를 친자식처럼 대하곤 했습니다. 역사 소설을 봐도 양자가 자신을 받아준 가문에 은혜를 갚는 장면이 많이 나옵니다. 다니자키 준이치로(谷崎潤一郎)의 소설, 『사사메유키(細雪)』처럼 딸만 있는 가문이 괜찮은 남자를 양자로 데려와 대를 잇기도 했습니다. 과거에는 훌륭한 제도가 마련돼 있었던 겁니다.

요즘 세습이란 단어는 '자식이란 이유만으로 멍청한 녀석에게 가업을 물려주는 짓'이란 부정적인 이미지를 풍깁니다. 하지만 꼭 그렇지는 않습니다. 지혜와 경험이 축적된 '간판'을 계승시키는 것은 결코 간단한 일이 아닙니다. 지혜가 필요한 고난도 작업입니다.

진심으로, 진정으로, 최선을 다하라

'히데요시의 조리토리(草履取り)'라는 유명한 에피소드가 있습니다. '조리토리'란 주군의 신발을 관리하는 하인을 말합니다. 오다 노부나가(織田信長)의 신발 관리자라는 말단직에서 시작한 도요토미 히데요시(豊臣秀吉)는 결국 천하를 차지하게 됩니다.

히데요시는 눈 속에서 벌벌 떨며 주군 노부나가의 신발을 품어 따뜻하게 녹이고 있었습니다. 노부나가가 그 장면을 목격한 것이 히데요시가 주군의 눈에 들게 된 계기입니다.

이 에피소드는 히데요시가 머리 좋은 인물임을 보여 주기 위한 일화에 불과하다는 주장도 있습니다. 하지만 그렇지 않습니다. 자신의 일에 최선을 다하고 진심으로 임한다는 것이 얼마나 중요한지를 가르쳐 주는 일화입니다.

히데요시는 신발 관리라는 하찮은 일을 결코 하찮다고 여기지 않았고, 최선을 다했습니다. 이렇게 자신의 일에 온 정성을 기울였기 때문에 천하의 주인이 될 수 있었던 것입니다. 진심으로, 진정으로, 최선을 다해 일하라는 교훈입니다.

물론 아무리 노력해도 메울 수 없는 구멍이 있습니다. 특히 자신에게 맞지 않는 일을 할 때 구멍이 메워지지 않습니다. 싫은 일을 하다 보면 건강이 악화되기도 합니다. 하지만 일에 최선을 다하다 보면 사회에 뚫린 구멍, 즉 일거리가 눈에 띄게 됩니다.

저는 학생 시절 가정 교사를 했습니다. 당시 대학 진학률은 계속 높아 갔지만 요즘처럼 입시 학원이 많지 않았습니다. 과외에 대한 수요는 많았던 반면 공급이 적었기 때문에 적지 않은 돈을 벌 수 있었습니다. 사회에 뚫린 구멍을 제가 발견해 낸 셈입니다.

과외에 대한 수요가 공급보다 많았던 당시 상황이 계속됐다면 저는 지금쯤 유명한 대입 학원 경영자로서 큰돈을 만지작거리고 있을지도 모릅니다.

니트족에게 감사를

언론이 니트족에 대해 우려하는 기사를 쓰는 것은 미래가 걱정되기 때문입니다. 성실히 일하는 사람들이, 일하지 않는 니트족의 생활까지 책임지는 사태가 오는 것을 우려하는 것이겠지요. 언론의 우려가 현실이 될 수도 있습니다.

살다 보면 남의 짐을 대신 져야 하는 일이 발생하기 마련입니다. 사람들은 그런 존재가 가족의 일원이라면 운명으로 받아들입니다. 과거 일본 사회는 그런 부담스러운 존재를 돌봐 주는 제도를 갖추고 있었습니다.

1603년 시작돼 1867년 막을 내린 에도(江戶) 시대에는 '5인조'라는 제도가 있었습니다. 5인조 제도란, 자립 능력이 없는 사람을 마을에서 교대로 돌봐 주는 것입니다. 만족스런 수준은 못 됐지만 최소한의 생존권은 보장해 줬던 것입니다. 요즘에 와서는 5인조 제도가 봉건적이라느니 압정(壓政)이라느니 하는 비판도 나오지만, 당시 서민들은 그 제도에 잘 적응하며 살았습니다.

무능력자가 마을 밖으로 나갈 경우 마을이 피해를 입기 때문에 도와 준 것이기도 했습니다. 자기 마을에 도움이 못 되는 사람이 다른 마을에서 쓸모 있는 사람으로 변신할 가능성은 적습니다.

지금도 일본 기업들은 그런 사람을 몇 명 정도 보듬고 있습니다. 월급을 주긴 하지만 그들은 '회사 내의 니트족' 같은 존재입니다. 일하는 척만 하는 사원들입니다.

도쿄 대학도 마찬가지입니다. 도쿄 대학이란 간판 아래서 별 하는 일 없이 생활을 해결하는 사람이 몇 명 있습니다. 의학부에도 외부로 방출되면 문제를 일으킬 사람이 있었습니다. 그저 말썽만 부리지 않으면 고마운 존재들이었죠. 그런 사람을 방출해 버리면 외부에서 문제를 일으키고, 도쿄 대학에 누를 끼치게 됩니다.

'왜 게으름뱅이를 변호하느냐'며 화를 내는 분이 있을 수 있습니다. 이와 관련해 개미를 살펴보면 흥미로운 사실을 알 수 있습니다. 개미 집단에서 실제 일하는 개미는 전체의 20퍼센트에 불과합니다. 그렇게 일하는 20퍼센트의 개미만 추려내 새 집단을 구성하면 어떻게 될까요. 선발된 20퍼센트 중의 20퍼센트만이 일합니다.

이것이 시스템의 기본적 성격입니다(시스템이란 단어는 뒤에서 상세하게 설명하겠지만 여기서는 사회 전체 조직이라고 생각해 주십시오). 남아도는 인원을 정리한다는 것이 큰 의미가 없다는 말입니다.

저의 젊은 시절과 비교하면 요즘 주부들은 여유가 많은 것 같습니다. '니트족' 같은 주부도 많다는 느낌입니다.

회사 내의 못마땅한 니트족을 방출하기보다는, 니트족이 열심히 일하지 않기 때문에 자신들이 조금만 열심히 해도 중용된다고 생각하는 편이 좋지 않을까요. 그렇게 생각을 고쳐먹으면 주위 사람에게 "제발 니트족이 돼 주렴." "프리터가 될 생각은 없니?"라고 권유하게 될지도 모릅니다.

니트족 덕분에 조금만 노력해도 출세가 보장되는 사회가 구축될 겁니다. 따라서 니트족에게 화내는 대신 감사합시다. 그들은 처음부터 경쟁에서 탈락해 줬고, 여러분의 가치를 올려 주는 존재이기 때문입니다. 열심히 일하는 여러분은 그런 고마운 존재에게 화를 내면 안 됩니다.

복권을 사지 않는 한 당첨되지 않는다

'넘버 원보다 온리 원'
'세상에서 하나밖에 없는 존재'

   2차 대전의 패전으로 미국식 교육이 도입됐습니다. 그 때문인지 이런 주장이 지지를 받게 된 듯합니다. 그러나 이제 젊은이들에게 그런 주장과 반대되는 것도 가르쳐야 합니다. 그러지 않는 한 젊은이들은 구제받지 못합니다. 사회 구성원으로서 사회에 뚫린 구멍을 메워야 한다고 가르쳐야 합니다.

   젊은이들이 이런 충고를 받아들인다면 최소한 월급을 받고 생활을 꾸려 갈 수 있게 됩니다. 젊은이가 채울 수 있는 구멍도 있겠지만, 세상에는 메우기엔 힘에 부치는 구멍이 수없이 많습니다. 메우고 싶은 구멍과, 현재 자신이 메우고 있는 구멍이 다를 수도 있습니다. 한창 메우고 있는데, 엉뚱한 구멍을 메우고 있었다는 것을 알게 되는 경우도 있을 것입니다. 그럴 때는 직장을 바꿔 보는 것도 한 방법입니다. 하지만 인내를 갖고 일을 계속하지 않는 한 올바른 구멍이 어떤 것인지 알지 못합니다.

'노력하면 꿈은 반드시 이뤄진다.'는 환상도 뿌리 깊은 신화입니다. 하지만 진리는 '노력하면'이 아닙니다. 꿈이 이뤄지건 이뤄지지 않건 노력해야 한다는 것이 진리입니다.

이제 젊은이들에게 '복권을 사지 않는 한 당첨되지 않는다.'고 말해 줘야 합니다. 복권을 산다고 매번 당첨되는 것은 아니지만, 사지도 않은 복권이 당첨될 리는 없습니다.

그럴듯한 존재가 되고 싶다면 뭔가를 해야 합니다. 포기하는 순간 그 꿈은 무너집니다. 하지만 포기한다는 것이 꼭 나쁜 일만도 아닙니다. 다른 꿈을 찾아가도 좋습니다. 적성에 맞는지 여부는 타인이 더 잘 판단하는 경우도 있습니다. "적성에 안 맞는 것 같은데, 사표를 내는 게 좋을까요?"라고 물어 보는 것도 좋습니다. 대개의 경우 "그렇게 열심히 노력했는데 좀더 참아 보지"라는 충고를 듣게 됩니다. 그 때는 충고대로 하면 됩니다. 다만 "나는 그만두려고 했는데 상사가 말렸기 때문에······."라는 식으로 타인에게 책임을 떠넘기는 것은 옳지 못합니다. 선택은 어디까지나 자신의 몫이기 때문입니다.

선견성보다는 보편성

세상에는 누구의 것도 아닌, 주인이 없는 일이 많습니다. 최선을 다해 일하다 보면 그런 일과 만나게 됩니다. 노력도 하지 않은 채 '내 적성에 맞는 일은 이러저러한 것이다.' '나만의 개성을 발휘해야 한다.'고 주장한들 그런 일과 만나게 될 가능성은 크지 않습니다.

한 분야에 노력을 쏟아부으면 자연스럽게 사회가 필요로 하는 구멍 쪽으로 다가가게 되는 것입니다. 다만 여기에는 '시기'라는 변수가 있습니다.

공무원과 정계의 반대를 무릅쓰고 우체국 조직을 민영화하겠다는 고이즈미 총리의 '우정(郵政) 민영화'가 그런 예에 속할 것 같습니다. 고이즈미는 수십 년 전부터 우정 민영화를 주장했지만 반응은 차가웠습니다. 하지만 요즘 그의 주장이 빛을 보기 시작했습니다. 이처럼 '시기'라는 요인은 결코 무시할 수 없습니다.

아무리 좋은 주장이라도 적절한 시기를 만나지 못하면 결실이 없습니다. 시기가 맞지 않으면 사람들이 이해하지 못합니다. 다른 사람들에게만 책임이 있는 것은 아닙니다. 주장하는 본인이 간과한 원인이 있을 수도 있습니다. 주장이 옳고, 그 주장이 적절한 시기를 만난다면 사람들은 당신의 주장을 받아들일 것입니다.

역사에는 그런 예가 많습니다. 선구자라 불렸던 사람들은 대개 죽은 뒤에야 평가를 받습니다. 후대에 호평을 받는다는 것은 '선견성'이 뛰어났다는 증거라고들 합니다. "그 사람은 선구자였다."며……

하지만 시간을 중심으로 생각해 보면 정말로 중요한 것은 선견성이 아니라 보편성입니다. 그 사람이 보편성을 갖고 있다면 언젠가는 때가 찾아옵니다. 그 사람에게 맞는 시대가 찾아옵니다. 무리를 해가며 신기한 일을 할 것이 아니라, 보편성을 추구하는 편이 결과적으로 앞서게 되는 경우가 있습니다. 제가 거듭 말했듯이 가능한 한 다른 사람들과 통하는, 공통성을 추구하는 것이 좋습니다.

'자기'에 대한 착각

'넘버 원보다는 온리 원'이란 표현이 그 자체로 잘못된 것은 아닙니다. 인간은 나름의 개성과 독특함을 갖고 있기 때문에 맞는 표현입니다. 하지만 굳이 온리 원을 추구할 필요는 없습니다.

개성은 당연히 존재합니다. 굳이 자기 입으로 소리 높여 외칠 필요도 없습니다. 그래서 "온리 원"이라고 고함치는 사람을 보면 개성에 대한 확신이 없다는 느낌을 받습니다. 타인의 인정을 간절히 바라는 것이겠지요. 그래서 굳이 설명하고 주장하려고 합니다.

자기 자신을 확립해야 한다고들 말하지만, 자기 자신이란 것은 태어나면서부터 존재합니다. "자기 자신을 확립하겠다."고 말하는 사람이 진정으로 확립하고 싶은 것은, 자기 자신이 아니라 사회적 지위가 아닐까요.

정말로 자신이 훌륭한 가치를 지녔다고 확신한다면, 다른 사람이 인정하건 말건 상관 없습니다. 따라서 소리 높여 외치는 사람을 보면 "이렇게 훌륭한 저를 봐 주십시오."라고 목청을 돋우는 듯한 느낌을 받게 됩니다. 자신의 가치에 확신이 없기 때문에 그런 말 하는 것 아니냐고 쏘아붙이고 싶어집니다.

'자기'에 대해서도 착각들을 하고 있습니다. 착각은 극단적인 사람을 만듭니다. 착각은 예술가에게서 곧잘 발견됩니다. 실제 예술 대학에서 이런 내용을 발표했더니, 찔리는 것이 있는지 모두들 묵묵히 듣고만 있었습니다.

착각하는 사람은 허세를 부립니다. 예술가들은 자신의 작품이 독특하고 훌륭하다고 주장합니다. 독특함이 전시회나 스승을 통해 평가받지 못하면 만족을 얻지 못합니다.

집착이란 이름의 습관

'학생에겐 그 나름의 개성이 있고, 타인과 다른 자신이 존재한다.'
 이것이 교육의 대전제입니다. 이 전제가 맞는다면 학생들의 생활 모든 면에 일일이 개입하고, 주입식으로, 강제적으로 지도해도 무방하겠죠. 왜냐하면 정말로 자신이나 개성이란 것이 존재한다면, 아무리 강제해도 변하지 않을 것이기 때문입니다.
 "그건 나답지 않다." "내 본연의 모습을 지키기 위해 그런 일은 하지 않겠다."고 쉴새없이 말하는 사람이 있습니다. 자신에 대해 확신이 없는 사람입니다. '온리 원'을 주장하는 사람은 이런 부류가 아닐까요.
 부부 사이에서도 부인이 하자는 대로 하면 대개 별 문제가 없습니다. 일이 잘 풀려 갑니다. 남자의 자존심 따위를 내세울 필요는 없습니다. 남자의 자존심을 강조하는 것은, 온리 원을 소리 높여 외치는 것과 비슷합니다.

그런 사람은 외부에 대한 벽을 만드는 겁니다. 자기 자신이란 것을 과도하게 주장하기 때문에 상대방을 피곤하게 만듭니다. 더구나 그런 것은 그리 오래가지도 못합니다.

집착, 고집, 원칙이 엄청나게 많은 사람이 바로 거기에 해당합니다. 예를 들어 '담배는 이 제품', '레스토랑은 모름지기 이래야 된다.' 등등 '반드시 ~ 해야 한다'는 원칙이나 요구 사항이 많습니다.

그런 사람이 만든 벽은 홈리스가 라면 박스로 만드는 박스 가옥과 비슷합니다. 박스 가옥이 실제 주택처럼 내부에 벽이 있을 필요는 없습니다. 하지만 홈리스들은 내부에 복잡하게 벽을 만듭니다. 자유롭고 단순하게 박스 가옥을 만들어도 될 것 같은데, 왠지 그들은 벽을 만들어 버립니다.

02

자기 자신이란

어떤 남자가 한 여자 아이를 10년 가까이 자기 집 안에 감금했던 사건이 있었습니다. 이웃 사람들은 그 사실을 어렴풋이 눈치채고 있었지만, '집 안'에서 일어난 일은 사적인 것이기 때문에 말들을 하지 못했습니다. 미국에선 가정 폭력이나 아동 학대 사건이 발생하면 경찰이 거침없이 개인의 집 안으로 진격해 들어가지만 일본에선 드뭅니다. 집은 개인적인 공간이기 때문입니다.

자기 자신이란 과연 무엇인가

요즘 사람들은 자신에 대해 생각하기를 좋아하는 것 같습니다. '자신답게' 혹은 '자기 발견'이란 표현을 종종 듣습니다.

자기 자신이란 무엇일까요. 이에 대해선 『무사상의 발견(無思想の発見)』(2005, ちくま新書)에서 설명했기 때문에 여기서는 간단히 언급하고자 합니다.

새끼손가락이 잘렸다고 합시다. 아마도 잘린 새끼손가락만큼 자기 자신이 없어졌다고 생각하는 사람은 많지 않을 겁니다. 대다수 사람들은 변한 것이 없다고 생각합니다. 이러한 사고 방식에 깔려 있는 것은 '육체는 내 자신이 아니다.'라는 생각입니다. 이는 기독교 세계, 그리고 심신이원론(心身二元論)의 입장입니다. 몸과 마음을 분리해 심적인 부분만을 자신이라고 여기는 사고 방식입니다.

육체는 언젠가는 썩어 없어집니다. 육체가 바로 자기 자신이라는 생각은 '영혼 불멸'이란 신념에 유리하지 않습니다. 그런 신념을 가진 사람에겐 새끼손가락이 자기 자신일 수가 없습니다. 새끼손가락이 잘린 만큼 육체는 줄어들지만 자기 자신이 축소되는 것은 아니라고 생각합니다. 이것이 기독교로 대표되는 서양인의 자기 자신에 대한 생각입니다.

하지만 다음과 같은 질문에 그들은 어떻게 대답할까요.

"새끼손가락 크기만큼 뇌를 잘라내면 어떻게 될까요. 자신이란 존재가 바로 변해 버리지 않을까요?"

서양인과 일본인은 자신을 파악하는 방법이 다릅니다. 좋은 예가 서양인의 'I(= 나)'와 일본인의 '자신'의 차이입니다. 일본 중남부 지방에선 상대방을 부를 때 '지분(自分 = 자기)'이라는 단어를 사용합니다. 여기서 알 수 있듯이 자신과 상대방을 하나의 단어로 표현합니다.

또, 시대극을 보면 상인들은 자신들을 '테마에(手前) 도모'라고 합니다. 그런데 길거리에서 싸움이 벌어지면 한자는 같지만 읽는 법이 조금 달라집니다. '테메(手前 = 이 자식)'라고 욕을 하지요. 읽는 법보다 주목해야 할 것은 평상시 '테마에'는 자신을, 싸울 때 '테메'는 상대편을 가리킨다는 점입니다.

같은 예는 많습니다. 무사는 자기를 '오노레 지신(自身)'이라고 표현하는데, 싸움이 벌어져 칼을 휘두를 때는 상대방을 '오노레'라고 합니다.

왜 그럴까요. 자신과 타인을 구분할 때 '무의식의 본질적 확신'이란 것이 있기 때문입니다. 무의식의 본질적 확신이란, "의식하지 않더라도, 즉 주장하지 않더라도 자기 자신이란 것은 엄연히 존재한다."는 확신을 말합니다. 좀더 쉽게 설명하자면 자기 자신은 확고히 존재하기 때문에, 어떤 표현을 사용하건 그 표현이 자신을 가리키는지 상대를 가리키는지 전혀 헷갈리지 않는다는 것입니다.

 의식하건 하지 않건 간에 자신과 타인은 확실히 구분돼 있기 때문에, 자신과 타인에 대해 같은 단어를 사용하건 말건 상관없습니다. '나는 나', '자신은 자신'이라고 말하지 않아도 모두들 그 특정 표현이 누구를 가리키는지 압니다. 자신과 타인이 확고히 구분돼 있기 때문에 어떤 단어나 말을 쓰건 이해하는 데 문제가 없습니다. 그래서 한 단어를 두 가지 용도로 사용할 수 있는 거죠.

 이는 서양인에겐 통용되지 않는 감각입니다. 그들에게는 '의식적인 자신'만이 자신이기 때문입니다. 그래서 어떤 경우에도 'I'를 사용합니다. 일본어 문장이나 회화에서는 "나는 당신을 사랑합니다."라는 식으로 주어를 넣는 경우가 많지 않습니다. 그저 "사랑합니다."면 됩니다. 그러나 영어에서는 반드시 "I love you"란 식으로 주어를 넣어야 합니다.

무의식의 본질적 확신

'무의식의 본질적 확신'이란 개념은 이해하기가 쉽지 않습니다. 다른 예를 들어 보겠습니다. 『일본의 무사상(日本の無思想)』(1999, 平凡社新書)이란 책을 쓴 가토 노리히로(加藤典洋)가 '혼네(本音 = 본심)'란 단어를 사전에서 찾아봤습니다. 그랬더니 사전에 따라 그 뜻이 정반대인 경우가 있었습니다. 한 사전은 혼네를 '본심을 말하는 것'이라고 설명한 반면, 다른 사전은 '말로 표현하지 않고 감춰 두고 있는 본심'이라고 설명했습니다. 본심을 말로 표현하는 것과, 마음 속 깊은 곳에 감추는 것은 180도 다른 의미입니다. 그럼에도 왜 한 단어에 대한 설명이 사전마다 다를까요. 본심에 대한 '무의식의 본질적 확신' 때문입니다.

입으로 말하건 말하지 않건, 본심은 본심으로 엄연히 존재한다는 것입니다. 즉 머릿속에 머물러 있건 입으로 표현되건 상관없이 본심은 그 자체로 존재한다는 겁니다. 입으로 표현하는 것이 본질을 바꿀 수 없다는 말도 됩니다.

얘기를 자기 자신으로 돌려 보면, 자신을 어떻게 표현하건 자신이란 존재는 변함없이 자신이란 형태로 존재합니다. 그런 생각이 무의식 속에 있습니다. 그렇기 때문에 말로 하는 표현 따위는 본질에 영향을 미치지 못합니다. 그래서 자신과 남을 같은 단어로 표현해도 헷갈리지 않는 것입니다.

멋대로 작동하는 뇌

'의식적인 자신만이 자기 자신'이라는 서양적 사고 방식은 뇌과학의 관점에서 봐도 한계가 있습니다.

예를 들어 당신이 뭔가를 말한다고 합시다. 그 말이 '이봐요'가 됐건 '바보'가 됐건 상관 없습니다. 그런 단어를 의식하기 1초 전에 이미 당신의 뇌는 움직이기 시작합니다. 의식하기 전에 뇌가 자기 멋대로 활동하기 시작하는 겁니다. 의식한 뒤에 말하는 것이 아니라, 뇌가 먼저 뭔가를 말하려고 움직이기 시작합니다.

뇌의 움직임은 육체가 놓인 상황에 따라 결정됩니다. 이것이 바로 '배가 불러야 예절을 안다.'는 것입니다. 신체가 놓인 상황이 뇌의 움직임을 결정합니다. 뇌가 아무리 예의를 지키라고 지시해도 의식주가 부족하면 뇌의 지시는 무시됩니다.

뇌가 멋대로 작동하는 예는 우리 주변에서 쉽게 발견할 수 있습니다. 예를 들어 뜨거운 물건을 만지면 반사적으로 손을 움츠리게 됩니다. "앗 뜨거."라고 소리치는 것은 그 다음입니다. 손을 움츠리는 것은 척수(脊髓)를 통한 반사 동작이기 때문에 빠릅니다. 같은 자극이 뇌로 갔다가 다시 "앗 뜨거."란 외침으로 나오기까지는 대략 1초가 걸립니다.

우리들의 의식은 과거의 국제 전화나 TV 위성 중계와 비슷합니다. 해저 케이블을 이용하는 국제 전화는 우리가 말한 뒤 저쪽에서 답변이 오는 데 다소 시간이 걸립니다.

다시 한 번 강조하지만 뇌의 동작을 좌우하는 것은 뇌가 놓인 상황입니다. 신체가 비정상적인 혹은 극단적인 상황에 처하게 되면 인간은 미쳐 버리거나 이해할 수 없는 행동을 하게 됩니다.

의식을 완벽히 통제할 수 있는 존재를 우리는 성인(聖人)이라고 부릅니다. 아우슈비츠 수용소에서도 인간다움을 잃지 않았던 코르베 신부* 같은 분이 그런 예에 속하겠지요. 만약 의식이 모든 것이라면 누구라도 코르베 신부 같은 성인이 될 수 있을 것입니다.

하지만 모든 사람이 코르베 신부가 되지는 못합니다. 되지 못

---

*1894년 폴란드 태생인 막시밀리안 코르베(maximilian korbe) 신부는 일본에서 수도원을 세우고 활동하던 중 1936년 회의 참석차 고국 폴란드에 귀국했다가 나치에 붙들려 아우슈비츠에 수감되었다. 그 곳에서 수용자들의 상담자 역할을 하며 희망을 안겨 주던 신부는, 이후 아사형(餓死刑)을 선고받은 한 폴란드인을 대신해 죽음을 선택했고, 신부가 굶은 지 14일이 지나도 죽지 않자, 나치는 독약을 주사해 신부를 죽게 했다. 끝까지 의연한 모습으로 죽음을 맞은 신부의 이야기는, 그의 희생으로 죽음을 면한 폴란드인이 1945년 전쟁 종식 후까지 살아남음으로써, 그의 증언에 의해 세상에 알려지게 되었다.

하는 것이 당연합니다. '코르베 신부는 뇌가 매우 건장한 사람'이라고 생각하는 것이 타당할 것입니다. 아우슈비츠 같은 극한 상황에서는 정상적인 인간으로 살아가기가 어렵습니다. 사실 똑똑한 뇌보다는, 건장한 뇌가 좋은 경우가 많습니다.

공(公)과 사(私)의 구분

'I(= 나)'에 대한 서양과 일본의 개념이 다른 배경에는 문화적 요소도 있습니다. 예를 들어 묘지 형태도 서양과 일본은 다릅니다.

일본은 가문의 묘를 만듭니다. 개인과 가문이 하나입니다. 반면 서양은 완벽한 개인 묘입니다. 몇 년에 태어나 몇 년에 죽었다는 식의 개인 정보가 묘비에 기록됩니다.

일본의 묘지는 개개의 기초 단위가 가문임을 보여 줍니다. "공(公)과 사(私)를 구분한다."고 할 때, 일본인의 사(私)는 바로 가문입니다. 그래서 옛날 사람들은 대대로 가업을 이어 왔습니다. 가업을 잇는다는 배경에는 사회가 대대로 그 가업을 필요로 한다는 전제가 깔려 있습니다. 사회가 필요로 하는 사업을 하는 것이 '나의 일'이라는, 사회적 합의가 있었던 것입니다.

옛 사람들은 공적인 일을 완벽히 마무리한 뒤에 사(私)를 추구했습니다. 모토오리 노리나가(本居宣長)라는 사람은 본업이 의사였습니다. 하지만 그는 자신의 집 2층의 10평짜리 방에 있는 동안에는 의학이 아닌 국학을 자유롭게 연구할 수 있었습니다. 2층 방이란 공간에 있는 동안에는 '사(私)'로 규정되기 때문에 자신이 하고 싶은 일을 마음껏 했던 것입니다. 지방의 의사라는 모토오리와, 국학자로서의 모토오리는 전혀 다른 사람이었습니다. 둘 사이에는 분명한 경계선이 있습니다.

모토오리는 자기 자신이 무엇인지 의식하지는 않았을 겁니다. 의식적으로 여기서 일할 때와 저기서 일할 때는 다른 사람이란 식으로 생각할 까닭도 없습니다. 그러나 당시 사회 시스템에 의해 개인으로서의 모토오리와, 공인으로서의 그는 확고히 구분돼 있었습니다.

고바야시 히데오(小林秀雄)의 저서, 『모토오리 노리나가』에 따르면 모토오리의 유언장은 매우 꼼꼼했다고 합니다. 장례 순서에서 시작해 운구 요원, 발인 시간, 그리고 묘는 어떻게 만들 것인지 등을 모조리 유언장에 적었습니다.

당시로서는 매우 이례적인 것이었습니다. 유족들은 과연 유언대로 장례를 치러도 좋은지 관청에 문의했습니다. 이에 대해 관청은 "이는 매우 이례적인 장례식이다. 우선 사회의 일반적인 관례에 따라 장례식을 치러라. 그리고 본인이 원하는 대로 한 번 더 치러 줘라." 하고 지시했다고 합니다. 공과 사를 구분한 좋은 예입니다.

"옛 사람들은 봉건적이며, 개인이란 존재는 없었다고 도대체 누가 말했는가. 그들도 자아를 갖지 않았느냐."는 것이 저자, 고바야시가 주장하고 싶었던 내용일 겁니다.

요즘 사람들은 옛날보다 지금이 훨씬 더 자유롭다고 생각합니다. 그러나 실제로는 회사에 구속돼 있고 조직에 함몰돼 있습니다. 그럼에도 행복하다고 생각합니다. 모토오리가 들으면 웃을 일이지요. 사실 요즘이 더 공과 사의 구별이 없습니다.

요즘 사람들은 사(私)를 개인이라고 생각합니다. 하지만 사실 일본에서는 전통적으로 사(私)가 가문이나 가정을 의미했습니다. 지금도 그런 사고 방식의 흔적이 남아 있습니다.

아무리 보잘것없는 시골집이라도 담장이 있습니다. 집에 담장이 있다는 것이 당연해 보이지만 그렇지 않습니다. 미국에는 담이 없는 집이 많습니다. 일본의 담은 '이 담 안쪽은 사적인 공간'이란 점을 분명히 하기 위해 만드는 것입니다.

어떤 남자가 한 여자 아이를 10년 가까이 자기 집 안에 감금했던 사건이 있었습니다. 이웃 사람들은 그 사실을 어렴풋이 눈치채고 있었지만, '집 안'에서 일어난 일은 사적인 것이기 때문에 말들을 하지 못했습니다. 미국에선 가정 폭력이나 아동 학대 사건이 발생하면 경찰이 거침없이 개인의 집 안으로 진격해 들어가지만 일본에선 드뭅니다. 집은 개인적인 공간이기 때문입니다.

일본의 아동 상담소 역시 남의 '집안일'에 적극적으로 개입하지는 않습니다. 타인의 가정 문제에 함부로 개입해선 안 된다는 암묵의 전제가 있기 때문입니다. 만약 남의 집안일이나 자녀 문제에 간섭하려 들면 "그렇게 걱정되면 당신이 직접 우리 아이를 키워라."라는 말을 들을 것입니다. 개인(=私)이 곧 집이라는 전제가 성립될 때 통하는 논리입니다.

무아(無我)

신체의 일부는 결코 자기 자신이 될 수 없다는 생각은 서양적 사고 방식입니다.

일본인과 서양인은 자기 자신이나 '사(私)'에 대한 개념이 다릅니다. 서양인은 자신의 단위가 개인입니다. 반면 '(육체가 아니라) 의식이 바로 자기 자신'이란 사고 방식은 일본인에게 없습니다. 자신에겐 고유의 영혼이 있고, 영혼이 신체를 빌렸을 뿐이란 것은 서양적 사고 방식입니다. 이런 생각은 일본 철학자가 쓴 책에서는 발견되지 않습니다.

'적성에 맞는 일', '자기 발견' 따위를 말하는 사람은 아마도 서양 현대 철학의 사(私)의 개념을 도입한 것이겠지요. 그러나 일본인은 다른 구도를 갖고 있습니다. 그래서 문제가 발생합니다.

자신이란 존재가 먼저 있고, 그러한 자신에게 맞는 일을 찾아야 하는 걸까요. 아니면 자신보다 먼저 사회에 일이란 것이 존재했으며, 사회에 존재하는 일에 자신을 맞춰야 하는 걸까요. 일본은 후자의 시스템으로 운영돼 왔기 때문에 전자의 입장에 서면 문제가 생깁니다.

일본인이 사(私)란 단어를 '자기 자신'이란 의미로 해석하기 시작한 것은 19세기 후반 '메이지 유신(明治維新)' 이후의 일입니다. 그 시기에 일본의 사(私)와 서양의 개인이 섞여 버렸습니다. 영어의 '프라이버시(privacy. 사적인 일)'와 '인디비주얼(individual. 개인)'은 전혀 다른 단어임에도 일본어에서는 사(私)라는 한 단어로 통합돼 사용되고 있습니다.

과거 일본에서 공(公)은 사회이며, 사(私)는 가문을 말했습니다. 좀더 정확히 말하자면 공(公)은 천황 가문을 지칭했습니다. '천황의 가문'과 '나의 가문'이 각각 '공(公)'과 '사(私)'였던 겁니다. 그러나 19세기 말 이후 사(私)라는 표현에 서양의 '개인'이 섞여 들어가면서 혼란이 일어난 것이지요.

 단어를 서양식으로 정의한다고 모든 것이 곧바로 서양식으로 바뀔까요. 그렇다면 아무 문제가 없겠지요. 하지만 아무리 국가가 나서서 정책적으로 "사(私)는 바로 개인을 의미한다."고 강요해도, 사회가 충성스럽게 그 정책에 맞도록 변해 주는 것은 아닙니다. 단어를 왜곡시킨다고 사회가 변하지는 않습니다. 그래서 사(私)와 관련된 문제가 꼬리를 잇는 겁니다.

 '과연 자기 자신이란 무엇인가'라는 문제 때문에 고민할 필요는 없습니다. 의식하지 않아도 자신이란 것은 존재하며, 자신을 강조하지 않아도 아무 문제 없이 잘 살아왔습니다.

 불교는 '무아(無我)'를 설파했습니다. 이는 자기 자신이 어떻다는 식의 쓸데없는 것을 생각할 시간이 있으면 좀더 가치 있는 다른 걸 생각하라는 뜻입니다.

03

테러의 문제

옛 사람들은 '발생하지 않은' 일의 중요성을 알고 있었던 것 같습니다. 그것이 바로 '보수(保守)'입니다. 매일매일 평온함이 유지되는 것은 평상시처럼 일을 하기 때문입니다. 그래서 아무런 일도 일어나지 않는 것입니다. 사실 그것이 예방입니다.

이는 요즘 사람들의 생각과는 다를지 모릅니다. 사람들은 사회가 진보한다는 것을 속속 바꿔 나가는 것이라고 생각하기 마련입니다. 그러나 사회가 진정으로 진보한다는 것은 속속 변하는 것이 아니라, 나날이 평온해지는 것이 아닐까요. 즉 사전에 위험을 봉쇄하는 것이 바로 진보입니다. 그것이 진정한 의미의 발전이라고 생각합니다.

테러에 맞서 싸워야 하는가

저는 『바보의 벽』이란 책에서, 일원론(一元論) 때문에 테러가 계속 발생한다고 주장했습니다. 자신의 머릿속에 '바보의 벽'이 만들어지면 상대편의 상황 따위는 생각하지 않게 됩니다. 깨어 있는 자신의 의식만이 세상의 모든 것이라고 여기게 됩니다. 그런 사고 방식에서 파생된 것이 바로 테러나 전쟁이란 것이 저의 주장입니다.

'테러와의 전쟁'을 선포하고 '적'의 근거지를 공격하는 것이 미국 나름의 테러 대책이겠지요. 그러나 그런 대책이 테러를 근절시킬 수 있을지는 의문입니다. 그러한 대책을 추구하다 보면 궁극적으로 자신들도 테러리스트가 돼 버리는 것이 아닌지 잘 생각해 봐야 합니다. 현실적으로도 미국 방식이 효과를 보는 것 같지 않습니다. 사이비 종교 단체인 옴 진리교처럼 은밀히 테러를 저지르는 세력도 있으며, 그런 모든 세력에 완벽히 대처한다는 것은 불가능합니다.

그보다는 테러가 발생하는 원인을 생각해야 합니다. 원인을 없애는 것이 최선의 테러 대책입니다. 테러가 발생한 뒤 상대를 공격하는 것과는 차원이 다른 얘기입니다.

테러의 근원은 일원론

질병을 예로 들겠습니다. 병에 걸리지 않은 사람을 치료할 수는 없습니다. 하지만 치료보다 더 중요한 것이 병을 예방하는 것입니다.

과음하지 않으면 알코올 중독이 되지 않습니다. 그렇다고 알코올 중독에 걸리지 않은 사람이 "과음하지 않은 덕에 알코올 중독 환자 신세를 면했다."며 기뻐할까요. 그렇지 않을 겁니다.

일원론에 빠지지 않으면 테러라는 극단적인 길을 택하지 않습니다. 하지만 일원론을 배척하는 데 성공했더라도 '테러를 막아냈다.'고 생각하지는 않습니다. 사람들은 일어나지 않은 일에 대해선 예방해 내는 데 성공했다고 여기지 않기 때문입니다. '테러를 막아냈다.'는 평가를 받는 경우는, 폭탄을 가지고 비행기에 타려는 범인을 잡아냈을 때 정도입니다. 하지만 이는 예방이 아니라 사건을 막아낸 것에 불과합니다.

정말로 예방이 중요합니다. 예방할 수 있다면 불행한 일은 발생하지 않습니다. 하지만 유감스럽게도 예방의 효과가 있었는지 여부는 알기 힘듭니다. 거듭 얘기했듯이 테러의 근원은 일원론에 있으며, 일원론적 사고에서 벗어나게 해주는 것이 테러를 예방하는 지름길입니다.

'테러가 발생하는 것은, 테러리스트가 잘못된 사상을 갖고 있기 때문이다. 따라서 테러를 예방하려면 상대편의 사상을 바꿔 버려야 한다.'는 주장도 있습니다. 이 주장은 상대에 대한 공격으로 연결됩니다. 이 역시 테러 예방이 아닌, 응수에 불과합니다.

'보수(保守)'의 의미

옛 사람들은 '발생하지 않은' 일의 중요성을 알고 있었던 것 같습니다. 그것이 바로 '보수(保守)'입니다. 매일매일 평온함이 유지되는 것은 평상시처럼 일을 하기 때문입니다. 그래서 아무런 일도 일어나지 않는 것입니다. 사실 그것이 예방입니다.

이는 요즘 사람들의 생각과는 다를지 모릅니다. 사람들은 사회가 진보한다는 것을 속속 바꿔 나가는 것이라고 생각하기 마련입니다. 그러나 사회가 진정으로 진보한다는 것은 속속 변하는 것이 아니라, 나날이 평온해지는 것이 아닐까요. 즉 사전에 위험을 봉쇄하는 것이 바로 진보입니다. 그것이 진정한 의미의 발전이라고 생각합니다. 하지만 현대인들은 원인은 방치한 채 결과만을 어떻게 해보려는 것 같습니다.

자살폭탄 테러와 가미카제 특공대

자살폭탄 테러와 일본의 가미카제 특공대가 결국은 같은 것이라고 주장하면 거센 반발이 나옵니다.

"국가와 가족을 위해 전쟁터로 나간 일본인과, 테러리스트를 동일시하지 마라."

하지만 뇌의 움직임만 보면 마찬가지입니다.

물론 동기는 다르겠지요. 정보의 입력 상황을 분석해 봐도 분명 다릅니다. 하지만 적어도 뇌의 출력, 즉 실제 행동으로 나타나는 부분은 똑같습니다. 생명을 버리고 돌격해 들어가는 것이므로, 행동은 완벽히 일치합니다.

입구가 다르다는 말은 신념이나 상황, 시대가 다르다는 의미입니다. 세밀히 분석해 보면 같은 특공대원이라도 입구가 다를지 모릅니다. 대원들의 입구가 서로 어떻게 다른지 알려면 매우 정밀한 작업이 필요합니다. 그래서 입구보다는 출구가 같은지 여부를 분석하는 것입니다.

중요한 것은 출구에서 행동을 제지하는 것입니다. 그러나 특정 사고 방식을 가진 사람은 그런 제지가 먹히지 않습니다. 제지 혹은 제동이 불가능한 사고 방식을 일원론적 사고 방식이라고 합니다. 즉 '바보의 벽'에 빠져 버린 채, 상대편을 생각하지 않습니다. 자기가 옳다고 생각하는 것 외에는 거들떠보지도 않으며, 출구를 향해 달려가려고만 합니다.

저는 항상 "당신의 생각이 100% 옳지는 않을 것이다. 많아야 60~70% 정도일 것"이라고 말합니다. 자신이 옳을 가능성이 그 정도에 불과하다는 사실을 안다면 폭탄을 안고 돌격하지는 않을 겁니다. 일본도 완패당할 때까지 전쟁을 계속하진 않았을 것입니다. 좀더 빨리 항복할 수 있었습니다.

자신의 판단이 옳을 가능성이 60~70% 정도라고 생각했다면 60~70% 패배한 단계에서 백기를 들 수 있었습니다. 하지만 100% 옳다고 생각했기 때문에 도중에 항복할 수 없었던 겁니다. 99% 패배한 단계까지 버티다가 원자폭탄을 두 방 맞아 버린 것입니다. 회복할 수 없을 정도로 심각한 타격을 받은 이유는 결국 자신이 100% 옳다고 생각했기 때문입니다. 비극은 거기서 시작됐습니다.

제동이 걸리지 않는 사람들

출구에서 행동에 제동을 걸어 주는 존재가 바로 '윤리'입니다. 예수 그리스도는 "간음하지 말라."는 십계명의 계율과 관련해서 "음탕한 생각을 갖고 다른 사람의 부인을 보는 것도 간음"이라고 했습니다. 이는 출구에 도달하기 훨씬 전 단계에서 제동을 거는 것입니다. 윤리라는 것은 "살인하지 말라."는 계율처럼 행동을 규제하는 것입니다. 불교에도 '불살생(不殺生)의 계율'이 있습니다. 이 점에서 기독교와 불교는 마찬가지입니다.

윤리라는 단어를 들으면 머릿속에 들어 있는 '추상적인 규율'이 연상됩니다. 하지만 출력, 즉 행동을 실질적으로 규제하는 실체적 존재가 바로 윤리입니다. 테러는 윤리 문제입니다.

하면 안 되는 일을 하는 사람들이 있습니다. 제동을 걸려고 해도 걸리지 않는 사람들이 있습니다. 그들에게 윤리가 없기 때문입니다.

세상을 살아가는 데 윤리가 중요하다는 사실은 설명할 필요조차 없습니다. 그렇게 중요하기 때문에 거창한 설교를 기피하는 경향이 있는 불교에서조차 윤리, 즉 '불살생의 계율'을 마련해 놓고 있는 것입니다.

윤리 문제란 말을 들으면 "음탕한 상상을 하지 말라."는 계율이 떠오르곤 합니다. 하지만 이성(異性)을 봤을 때 성적인 상상을 하는 것은 본능입니다. 이를 예수처럼 출구에 도달하기 훨씬 전 단계에서 규제하려는 것도 무리입니다. 중요한 것은 실행에

옮기지 않는 것입니다. 9·11테러를 자행한 테러리스트들은, 그러한 제동이 걸리지 않는 사람들이었습니다.

 당시 테러는 끔찍한 짓이었지만, 어찌 보면 매우 '인간적인' 행위이기도 합니다. 동물은 그런 짓을 저지르지 않습니다. 본능적으로 그런 짓을 하면 안 된다는 규제 장치가 확고하기 때문입니다.

 '불나방'이란 표현이 있는데, 곤충이 불에 뛰어드는 것은 착각을 일으켰기 때문입니다. 위험하다는 사실을 알면서 불에 뛰어드는 곤충은 없습니다. 본능에 위배되는 자살폭탄 테러 행위를 왜 인간적인 행위라고 표현했는지 이해하셨으리라 생각합니다. 자살 테러는 동물적 감각을 무시했을 때에만 나올 수 있는 행동입니다.

 "개인이 테러 예방에 기여할 수 있는 길이 있을까요?" "개인이 어떻게 해야 테러를 막을 수 있을까요?" 이런 질문에 대해 저는 "남 걱정하기보다 자신이 테러리스트가 되지 않도록 노력하라."고 충고합니다. 윤리는 개인의 문제이기 때문입니다.

사랑도 테러다

옴 진리교의 테러는 좌절에 빠진 사람들의 에너지가 사랑이란 형태로 분출된 것인지도 모릅니다. 사랑은 분명 질병입니다. 테러와 유사합니다.

사랑에 푹 빠졌을 때는 목숨을 걸기도 합니다. 다른 일은 일절 생각하지 않은 채 자신의 시각으로만 모든 것을 봅니다. 그런 상태에 빠진 것을 반성하지도 않습니다. 좁아진 시각 속에서 황홀해합니다. 반대로 세상이 끝난 듯 괴로워하기도 합니다. 사랑이 잘 진행되건 삐걱거리건 사랑만을 생각합니다. 테러리스트의 심정과 비슷합니다. 타인에게 피해를 주는 테러와 흡사합니다. 피해가 훨씬 적다는 것이 테러와의 차이점일 뿐입니다.

혈세의 의미

일본 신문들은 "테러에 적극 대처해야 한다."고 주장합니다. "걸프전 당시 일본은 피를 흘리지 않고 돈만 냄으로써 세계의 비웃음을 샀다. 따라서 9·11테러에는 과거와 다른 자세로 대처해야 한다."고 촉구합니다. 실제 돈만 냈던 걸프전에 대한 반성으로 이라크에는 자위대를 파견했습니다.

그러나 미국과 이라크가 대립하는 상황에서 일본인 개개인이 적극적으로 이라크 사태에 개입해야 할까요. 그래봤자 별 도움이 되지 못한다는 것이 제 판단입니다.

걸프전 당시 일본은 막대한 자금을 지원했습니다. 그 돈의 원천은 세금입니다. 흔히 혈세(血稅)라 불리는 것입니다. 혈세의 의미는 무엇일까요.

많은 사람들의 피와 땀이 어려 있는 돈이라는 뜻입니다. 제 어머니는 90세를 넘기셨는데, 그런 고령자에게 세금을 거둬 갑니다. 그런데도 너무도 단순하게 "돈만 퍼부었지……."라고 말하는 사람은, 그 돈이 어떻게 모아진 것인지 생각 못하는 사람입니다. 세금의 무게를 알지 못하는 겁니다.

암으로 죽어 가는 사람도 수입만 있으면 세금을 내야 합니다. 그래서 혈세라고 하는 것입니다. 그런 혈세에서 그토록 많은 돈을 뜯어내 걸프전을 지원했으면서도, 피를 흘리지 않았다고 주장한다면 너무도 단순한 논법이 아닐까요.

결국 세금과 자위대 파견을 통해 일본은 이미 충분히 이라크에 개입했습니다. 그 이상은 불필요하다고 생각합니다.

이라크에서 미국인과 이라크인이 서로를 죽이고 있지만 사실 저의 일상 생활과는 관계가 없습니다. 그 점은 확실히 알아 둬야 합니다. 대상이 이라크이건 미국이건 마찬가지입니다. 그들과 우리가 긴밀한 관계에 있다는 강박관념을 갖지 않는 것이 좋습니다. 기아선상의 아프리카 사람들이 불쌍하기는 하지만 우리가 개입한다고 해결될, 그런 간단한 문제는 아닙니다.

이라크도 마찬가지입니다. 일본의 수도, 도쿄도 패전 후 부활에 성공했으니, 이라크인들도 도쿄의 예를 따르면 되는 것입니다. "당신들이라면 해낼 수 있다."고 말해 주는 것도 좋겠지요.

사실 이라크가 가난한 것도 아닙니다. 석유가 나오지 않습니까. 같은 산유국이면서 이웃 나라인 사우디아라비아가 엄청난 부자 나라인 점을 감안할 때, 가난은 이라크 자체에 문제가 있는 것 아니냐고 비판해야 합니다. 왜 타국이 필요 이상으로 개입해야 하는지 이해할 수 없습니다.

고이즈미의 송이버섯

"결국 돈 얘기를 하자는 것이냐."라고 비판하는 분도 계실 겁니다. 하지만 인간은 어느 정도 돈을 가지지 않으면 대책이 없습니다. 의식주가 해결된 뒤에야 예절을 차리게 되는 거지요. 이것은 간단히 볼 문제가 아닙니다.

대다수 사람들은 의식주에 어려움을 겪으면 예절을 갖추지 못합니다. 천박하게 행동합니다. 뇌의 움직임을 분석해 봐도 사람은 의식주가 해결된 뒤에야 정상적으로 사고를 하게 됩니다.

요즘은 의식주가 너무 풍족해 뇌의 활동이 지나치게 왕성한 것 같습니다. 덕분에 '지나침이 바람직한 것만은 아니다.'라는 사실을 깨닫게 된 듯합니다. 하지만 의식주는 어느 정도 보장돼야 합니다. 이는 어느 사회에나 통하는 진리입니다.

북한에 대한 비판들이 나오고 있습니다. 저 역시 북한을 좋아하지는 않습니다. 하지만 문제의 근본은 북한 사람들의 의식주가 해결되지 않은 데 있습니다. 일본 수준은 아니더라도 어느 정도까지 끌어올리지 않으면 대화가 통하지 않게 됩니다. 그들에게 예절을 요구해도 소용 없습니다. 의식주가 어려운 사람에게 제대로 된 사고 방식을 요구한다는 것은 무리입니다.

고이즈미 총리가 북한을 방문했을 때 많은 송이버섯을 선물로 받았습니다. 그게 문제가 되자 일본 정부는 송이버섯을 폐기 처분해 버렸습니다. 그 뉴스를 보고 화가 치밀었습니다. 송이버섯을 선물한 사람의 마음을 조금이라도 생각해 봤다면 그래서는 안 됩니다. 최소한 북한에 돌려줘야 했습니다. 김정일 위원장이 직접 딴 버섯이 아니라, 북한의 노동자들이 채취한 겁니다. 이는 그들의 혈세입니다.

  문제가 됐다고 송이버섯을 버린다는 것은 적어도 의식주가 해결된 사람이 취할 짓은 아닙니다. 예절은 그런 것입니다. 돌려주든가, 그것이 문제가 된다면 의식주에 어려움을 겪는 일본인에게 나눠 주면 되는 것 아닐까요.

04

남녀의 문제

장수하는 것은 신체가 강한 남자가 아니라 여자입니다. 현실에 잘 적응하기 때문입니다. 현실에 적응한다는 것은 쓸데없는 일을 좋아하지 않는다는 말입니다. 여자 중에 곤충 채집을 하는 사람은 매우 드뭅니다. 곤충 채집은 남자의 세계입니다. 곤충 채집 외에도 '수집광'이라 불리는 사람은 대부분 남자입니다. 성냥갑, 라벨, 우표 등 쓸데없는 것을 모으는 경우는 남자가 압도적으로 많습니다.

여자는 실체, 남자는 현상

"여자는 강하다."고들 합니다. 생물학적으로 봐도 근거 있는 이야기입니다. 남자와 여자를 비교하면 여자가 강합니다. 또 완고합니다. 강하고 완고한 데에는 근거가 있습니다.

면역학자인 다다 도미오(多田富雄)는 "여자는 실체이지만, 남자는 현상이다."라고 했습니다. 이는 남녀의 차이를 절묘하게 보여 주는 명언이며, 모든 것을 말해 줍니다.

표현을 바꾸자면 여자는 무의식에 근거해 행동한다는 겁니다. 신체에 근거한다고 해도 좋습니다. 남자는 의식 중심이며 개념적입니다. 추상적인 것에 매달리곤 합니다.

예를 들어 돈은 추상적입니다. 사장, 부장, 과장 등 사회적 역할도 완벽한 추상입니다. 실체가 없습니다. 왜 남자는 개념적인 세계에 빠질까요. 생물학적으로 포유류는 암컷이 안정적이란 사실과 관계 있습니다.

남녀의 차이는 염색체 차이에서 발생합니다. 여자가 X 염색체 2개(XX)를 갖고 있는 데 비해 남자는 X 염색체와 Y 염색체를 하나씩 갖고 있습니다(XY). Y 염색체의 활동에 의해 성선(性腺)이란 곳에서 정소(精巢)가 형성됩니다. 여자의 경우 난소가 됩니다.

이 성선의 근원을 '성선 원기(原基)'라고 합니다. 이것이 정소가 될지 난소가 될지는 임신 7주째에 결정됩니다. 그 전 단계에서는 해부학적으로 봤을 때 남녀의 구별이 없습니다. 태아의 외관도 파충류와 비슷합니다.

7주째에 Y 염색체의 활동으로 원기가 정소가 됩니다. 일반적으로 고환이라 불리는 기관이 생기는 겁니다. 완성된 정소는 '항(抗)뮐러관 호르몬(Anti-Müllerian duct Hormone)'을 분비합니다. 이 호르몬에 의해 뮐러관이라는 기관이 위축됩니다. 뮐러관은 자궁과 난관(卵管)이 되는 기관입니다. 남자의 경우 호르몬 활동으로 뮐러관이 위축되기 때문에 자궁과 난관이 만들어지지 않습니다. 즉 남성에게도 뮐러관이 있었지만, 호르몬 때문에 자궁과 난관이 생기지 않은 것입니다.

그 뒤 남성 호르몬이 생식기의 원기를 남성 생식기 모양으로 바꿔 갑니다. 이런 과정을 통해 남성의 성기가 완성되는 것입니다. 즉 원래 여성이었던 존재를 호르몬 작용으로 변형시킨 것이 남성입니다. 남성의 원형은 여성인 셈입니다.

이것이 매우 중요한 점입니다. 여성의 경우 염색체는 XX인데, 둘 중 하나만 활동해도 됩니다. 즉 여성의 경우 2개의 X 중 하나는 모든 세포에서 불활성화돼 있습니다. 쉽게 말해 하나의 X만 활동하는 것입니다.

남성의 경우 X는 당연히 활동하며 Y도 활동합니다. 물론 Y의 활동은 매우 제한적입니다. 성선 원기를 정소로 바꾸는 일만 합니다. 즉 고환을 만들고 자궁, 난소를 없애는 일만 하는 것입니다. '인간'은 그냥 놔두면 여성이 되는 셈입니다. Y 염색체가 엉뚱한 짓만 하지 않으면 여성이 되는 겁니다. 여성이 되게 마련인 '인간'을 Y 염색체가 개입해 방해한 결과 탄생한 것이 남성입니다. 그렇기 때문에 남성 쪽이 됨됨이가 좋지 않은 경우가 많습니다. 이는 통계학적으로도 증명됩니다.

됨됨이가 좋지 못하다는 것이 공부를 못한다는 뜻은 아닙니다. 편향적인 사람, 극단적인 사람이라는 말입니다. 생물학적으로 다양한 데이터를 모아 보면 양극단에는 항상 남성이 있습니다. 신장, 체중, 병에 잘 걸리는 정도 등 모든 통계에서 남자가 두드러집니다. 좋게 말하자면 남자들이 폭이 넓습니다. 천성적으로 기형을 안고 태어나 출산 직후 죽는 아이도 남자가 많습니다.

여자들은 한 곳으로 수렴되는 경향을 보입니다. 수렴된다는 것은 안정적이며 균형 감각이 좋다는 뜻입니다.

여자, 인간 상식의 중간 지점

 신체적 특징은 물론 사회 생활에서 극단적인 행동을 많이 보이는 것도 남자입니다. 연쇄 살인 같은 '이상 범죄'의 범인도 남자가 많습니다. 폭력 사범은 남자가 여자의 10배에 달합니다. 폭력 범죄가 많다는 것과 남자가 힘이 강하다는 것은 무관합니다.
 운동은 남자 기록이 당연히 좋습니다. 이 역시 극단적이기 때문입니다. 남녀가 같이 운동하면 대개 남자가 이깁니다. 남자는 짧은 시간에 순발력을 내는 데 능합니다. 무거운 물건을 드는 것도 남자가 앞섭니다. 하지만 장거리 수영 등 지속적으로 체온을 잃어 가는 운동, 에너지를 필요로 하는 운동은 여자가 강합니다. 마라톤에서 여자 기록이 남자를 앞설 가능성도 있습니다.
 미국 메이저리그에 진출한 스즈키 이치로, 마쓰이 히데키처럼 운동 능력이 매우 뛰어난 남성은 많이 있습니다. 남자는 극단적이고, 통계 곡선의 양쪽 끝에 있습니다. 이러한 정규 분포를 전제로 할 경우 이치로와 정반대쪽에 서 있는 남자, 즉 운동 신경이 전혀 없는 남자도 같은 수만큼 있다는 말이 됩니다. 이미 그런 아이들은 태어나자마자 죽었을 수도 있습니다. 남자 아이가 잔병을 앓는 경우가 많은데 그 이유는 바로 남자의 극단성 때문입니다. 생물학적으로 여자가 강하다는 얘기가 됩니다. 강하다는 것은 현실에 더 잘 적응함을 의미합니다.

그런 사실이 가장 잘 드러난 것이 평균 수명입니다. 장수하는 것은 신체가 강한 남자가 아니라 여자입니다. 현실에 잘 적응하기 때문입니다. 현실에 적응한다는 것은 쓸데없는 일을 좋아하지 않는다는 말입니다. 여자 중에 곤충 채집을 하는 사람은 매우 드뭅니다. 곤충 채집은 남자의 세계입니다. 곤충 채집 외에도 '수집광'이라 불리는 사람은 대부분 남자입니다.

성냥갑, 라벨, 우표 등 쓸데없는 것을 모으는 경우는 남자가 압도적으로 많습니다. 여자는 실용품 위주로 수집합니다. 필리핀의 영부인이었던 이멜다 마르코스는 구두를 산더미처럼 모았습니다. 구두는 실용품입니다. 다 신은 구두를 버리지 않는 한편 계속 사들였기 때문에 그녀의 구두가 실용성을 잃었을 뿐입니다.

여성의 완고함은 이러한 생물학적 안정성에 기인하는 것이 아닐까요. 시스템적인 안정성을 갖고 있다고 봐도 좋습니다.

몸의 안정은 머리에도 영향을 줍니다. 그래서 말싸움이 벌어졌을 때 남자가 이런 말 저런 말 해대도 여자의 안정성은 흔들리지 않습니다. "네가 뭐라 하건 나는 내 길을 간다."며 자신감으로 가득 차 있습니다. 그것이 완고함으로 연결되는 것입니다.

만약 여자가 사회적으로 낮은 평가를 받는다면, 그러한 안정성을 낮게 평가하는 문화가 있기 때문일 것입니다. "여자는 완고하다."는 말은 안정성을 낮게 평가하는 표현입니다. 저는 여성의 안정성을 높게 평가해야 한다고 봅니다.

물론 이런 안정성에도 결점이 있습니다. 안정돼 있는 것이 사회가 아니라, 여성 자신이기 때문입니다. 타인이 볼 때는 멋대로 행동하는 것으로 비칩니다. 사회성이 낮다고도 여겨집니다. 개체로선 안정성을 갖고 있지만, 그런 사람과는 사귀기가 쉽지 않습니다. 남자는 대인 관계에서 여자가 마음을 열고 양보해 주길 바랍니다.

하지만 좀더 큰 스케일로 생각하면 인간인 이상 아무리 극단까지 가도 한계가 있습니다. 아무리 손이 커도 손을 날개삼아 하늘을 날 수는 없습니다. 결국 크게 보면 모두들 중간점으로 모이게 돼 있습니다. 그것이 사회의 안정 평균점이 됩니다. 인간 상식의 중간 지점에 집결해 있는 것이 여성입니다.

정치인의 밤

정치는 전통적으로 남성의 직업입니다. 정치인들은 선거 기간 중에 아이를 갖는 경우가 많다고 합니다. 도박성이 높은 행위, 즉 선거가 남성을 흥분시키기 때문입니다. 선거 기간 중 발생하는 정치인의 성추행 사건은 그런 차원의 분석이 가능합니다.

선거를 축제라고도 하는데, 축제의 밤에는 사람들의 뇌가 일상을 벗어나 흥분 상태에 빠집니다. 정치인에게 여성 스캔들이 끊이지 않는 건 바로 그 때문입니다. 과거에는 '영웅호색'이란 말을 했는데, 권력을 추구하는 것 자체가 '테스토스테론'이라는 남성 호르몬이 작용하는 행위이기 때문이 아닌가라는 생각이 듭니다. 이 호르몬이 과다하게 분비되면 폭력적이 됩니다.

예외는 있지만 평균적으로 여성은 정치에 큰 관심을 갖지 않습니다. 정치에 적극적으로 관여하지 않습니다. 그 원인을 사회 구조나 차별에서 찾는 것이 페미니즘적 발상인데, 사실은 사회 구조와는 관계가 적습니다.

남성 살인범 수가 여성 살인범의 약 10배에 달한다고 합니다. 그 원인도 테스토스테론 분비 때문인 것으로 추정됩니다. 테스토스테론은 사춘기 때 활발히 분비됩니다. 그래서 사춘기의 젊은이는 폭력적입니다. 젊은 혈기에 술에 취해 살인을 저지르기도 합니다. 이 역시 남성 호르몬이 원인입니다. 이런 점들을 고려하지 않은 채 남녀 차이를 사회 구조나 차별에서만 찾았던 페미니즘에는 동의하기 힘듭니다.

여성이 안정적이라고 하지만 신체적 변화는 여성이 더 심한 것 아니냐는 반론이 있습니다. 맞는 말입니다. 생리, 임신, 출산 등을 겪으며 다양한 변화를 경험합니다. 하지만 그런 다양한 변화를 겪어야 하기에 더더욱 안정성을 갖춰야 합니다.

여성은 비교적 단순한 구조로 만들어졌습니다. 너무 복잡한 기계는 쉽게 고장납니다.

동물도 완고하다

동물도 완고해서, 동물의 습관을 바꾸기란 쉽지 않습니다. 일본 남쪽 끝에 버려진 개가 북쪽 끝으로 이사 간 주인을 찾아갔다는 일화가 드물지 않습니다. 충직하다고 볼 수도 있지만 사실은 동물의 완고함을 보여 주는 일화입니다. '이 녀석과 평생 같이 살겠다.'고 마음먹으면 목숨을 걸고 쫓아오니 말입니다.

14세기에 이탈리아에서 세계 최초로 공개 해부가 실시됐습니다. 당시 해부된 3구의 시신은 모두 여성이었습니다. '보다 동물에 가깝다.'는 이유에서였습니다. 오해를 피하기 위해 말씀드리는데, 이 말을 한 사람은 제가 아니라 당시 학자였습니다. 지금 그런 말을 했다간 엄청난 일이 벌어지겠지요.

　동물에 가깝다는 말에 나쁜 뜻이 담겨 있는 것은 아닙니다. 페미니스트들은 화를 내겠지만, 이는 동물에 편견을 갖고 있기 때문입니다. 동물 차별주의자라고 할 수 있지요. 신체에 대한 편견이라고도 할 수 있습니다. '뇌가 가장 중요하다.' 혹은 '의식의 세계가 우위이다.'라는 말도 안 되는 생각 때문에 그런 편견이 나오는 겁니다.

　소의 세계를 보면 명확합니다. 수컷은 그리 많이 필요 하지 않습니다. 종우(種牛)가 몇 마리만 있으면 인공 수정으로 소의 수를 늘려 갈 수 있습니다. 실제로도 목장에 수컷은 별로 없습니다. 정자를 보존하고 수정할 뿐입니다. 필요에 따라 수컷을 키우기도 하지만 주역은 암소입니다.

　인간 사회도 마찬가지입니다. 여성만의 아마조네스 국가를 건설할 수 있습니다. 하지만 남성만의 마을은 만들지 못합니다. 가상의 얘기로도 남성만의 마을이란 것은 들은 적이 없으며, 생각만 해도 기분이 나빠집니다.

　남성의 장점은 로맨틱하다는 것입니다. 현실주의적인 여성에 비해 상대적으로 더 로맨틱합니다. 나쁘게 말하자면 여성은 근시안적입니다. 철학자, 쇼펜하우어는 여성을 철저히 비하했습니다. "인생은 짧고 예술은 길다."라는 유명한 말을 비틀어 "머리가 길면 지혜가 짧다."는 글을 남겼을 정도입니다.

쇼펜하우어가 여성을 비하한 이유는 어머니와 사이가 나빴기 때문입니다. 그의 어머니는 괴팍했고 "한 집안에서 천재가 두 명 나올 리가 없다."는 이유로 아들을 쫓아냈다는 전설이 있을 정도입니다. 그녀의 논리는 "우리 집안에서는 이미 천재를 배출했다. 그 천재는 바로 나다. 천재가 또 나올 까닭이 없다. 그러니 이 집을 떠나라."라는, 말도 안 되는 논리였습니다. 그런 가정사 때문에 쇼펜하우어는 여자를 싫어했고, 하숙집 아줌마를 계단에서 밀쳐내 문제가 되기도 했습니다. 남자들이 하는 짓이란 역시 현실성이 없는 것 같습니다.

05

자녀의 문제

흔히들 요즘은 사회가 음험하고 삭막하기 때문에 자살하는 사람이 늘었다고 합니다. 전에는 좀더 밝았다는 것이겠지요. 하지만 아닙니다. 전에는 도피할 공간이 있었을 뿐입니다. 과거에는 세상이 두 개로 나뉘어 있었습니다. 즉 자연의 세상과 인간의 세상이 공존했습니다. 인간과 부대끼며 사는 세상이 싫다면 자연으로 도피할 수 있었습니다. 공부나 운동을 못해도 곤충 채집에서 능력을 발휘할 수 있었습니다. 또 왕따당하던 학생이 자연에서 능력을 인정받으면 다른 이를 돌봐 줄 수 있는 존재로 변신하기도 했습니다. 하지만 현대 사회에서는 인간이 활동할 수 있는 세상이 절반으로 줄어 버렸습니다. 즉 자연이 사라지고 인간 세상만 존재하게 됐습니다.

'소자화(少子化)'는 왜 발생하나

아기를 적게 낳는 '소자화' 현상과 '도시화'는 별개가 아닌 하나의 문제입니다. 도시에서는 집을 마련하기가 쉽지 않고, 어린이를 양육할 장소도 적습니다. 보육 시설도 부족합니다. 그런 물리적 이유 때문에 자녀를 키우는 데 돈이 많이 듭니다. 정부가 양육비를 지원한다고 문제가 해결되는 것도 아닙니다. 도시화는 근본적으로 자녀 양육에 반하는 것이기 때문입니다.

어린이는 자연입니다. 도시화한다는 것은 자연을 배제하는 행위입니다. 뇌로 생각한 것을 구체화한 것이 바로 도시입니다. 자연은 도시의 반대편에 위치하고 있습니다. 즉 어린이는 도시에서 배제되는 존재입니다.

'어린이가 자연'이란 말을 좀더 설명해 보겠습니다. 부모가 자녀의 모든 것을 설계할 수는 없습니다. 의학이 발달했지만 아기가 정확히 언제 태어날지 알 수 없습니다. 예정일을 짐작해 볼 뿐입니다. 설계도에 따라 로봇을 만드는 것과는 다릅니다.

자연은 자연으로서, 또 인공물은 인공물로서 가치를 갖고 있습니다. 어린이는 자연이며, 어린이는 어린이 자체로서 가치가 있습니다. 하지만 어른들은 어린이를 어떻게 이용할까만 생각하는 것 같습니다.

하늘이 맡기신 보물

어린이가 어린이 자체로서 가치를 인정받지 못하는 것과, 자연이 사라져 도시화하는 것은 본질적으로 같습니다. 그래서 도시화된 사회에서는 '어린이다움'이란 것에서 가치를 찾지 못하게 됐습니다.

'다움'을 싫어하는 것은 어린이에 국한된 것은 아닙니다. '남자다움', '여자다움' 같은 표현도 봉건적이라며 비판하는 사람이 있습니다. 하지만 다움을 인정한다는 것은, 그 대상의 근본적 가치를 인정하는 것입니다.

다움이 부정되기 때문에, 어린이다운 것보다는 '어른스러운 것'이 좋은 평가를 받게 됐습니다. 도시화된 사회에서는 어린이에게 빨리 어른이 되라고 재촉합니다. 어린이에게 '대입 예비군'의 가치밖에 인정하지 않습니다. 어린이가 그 자체로서 가치 있음을 인정하지 않는 것입니다.

이는 도시의 가로수는 하늘을 향해 똑바로 뻗어 나가게 심어야 한다는 생각과 같습니다. 인간의 횡포입니다. 가로수에 대한 그 같은 생각은 나무의 가치를 인정하지 않는 것과 마찬가지 입니다. 인간의 편의만 생각하는 식목 방법은 나무다움을 무시하는 것입니다.

전에는 '어린이다움'의 가치가 인정됐습니다. 하지만 제가 젊었을 때부터 이미 '자보(子寶)', '하늘이 맡기신 보물'이란 말을 듣기 힘들게 됐습니다. 인공 중절이 공공연히 행해지는 것과도 관계가 있습니다.

어린이의 본질적인 가치는 '무구(無垢)'입니다. 하지만 현대인은 그런 어린이다움의 가치를 인정하지 않습니다. 어린이들의 어리광을 받아 주라는 말은 아닙니다. 어린이가 지하철에서 마구 뛰어다녀도 혼내지 말란 말과 혼동해서도 안 됩니다. 개구쟁이 때문에 화가 나는 경우도 있겠지요. 그럴 때는 꾸짖어 주면 됩니다. 어린이에게 개구쟁이의 요소도 있지만, 그건 어린이의 한 부분에 불과합니다. 중요한 것은 어린이를 하나의 객체로서 인정하고 받아들이는 자세입니다.

젊은이들은 도대체 어린이를 인정해서 무슨 이득이 있느냐고 말할는지도 모릅니다. 이는 인생의 가치를 어디에 두느냐와 관련이 있습니다. 전에는 가문의 존속에 큰 비중을 뒀습니다. 이를 위해 어린이가 필요했습니다. 하지만 요즘처럼 '지금'만을 생각하는 어른들 사회에는 어린이가 필요 없습니다. 그래서 소자화가 나타나는 것입니다.

자녀가 많으면 손해 보는 측면이 있습니다. 그러잖아도 사는 것이 만만치 않은데, 자녀 돌보느라 시간을 빼앗기다 보면 승진에서 뒤처질 수 있습니다. 하지만 허다한 불이익에도 불구하고 자녀는 분명 좋은 일들을 많이 안겨 줍니다. 그런 진실에 동의하는 사람이 늘어나면 소자화 문제는 자연히 해결되지 않을까요.

　테러 문제와 마찬가지로 많은 사람들이 사물을 일원적으로 생각하지 않게 되면 자연히 해결을 향해 나아가게 됩니다. 그것이 진정한 의미의 해결이겠지요.

　요즘에는 하나의 원인 때문에 생겨나는 현상들을 별개의 현상인 듯 분리하곤 합니다. 하지만 결과는 다르더라도 뿌리는 하나입니다.

　자녀를 맡길 탁아소가 없다거나, 직장일이 너무 바쁘다는 것은 부모 입장에서 현실적인 부담입니다. 하지만 이 역시 자녀에게 큰 가치를 둔다면 해결 못할 일들도 아닙니다. 소자화 대책의 일환으로 예산을 늘리거나 지원하는 것이 나쁜 일은 아니지만 근본적인 대책은 되지 못합니다. 문제는 사람들의 사고 방식에 있습니다. 과연 이렇게도 많은 사람들이 도시에 살 필요가 있느냐는 점부터 생각해 볼 필요가 있습니다.

아무것도 가르치지 않았다

제가 어렸을 적부터, 즉 패전 직후부터 어린이의 개성을 존중하는 교육이 시작됐습니다. 개성을 키워 주는 것이 어린이를 소중히 여기는 것이라고 생각했습니다. 그러나 그런 개성 존중 교육의 결과물은, 부모가 자녀에게 아무것도 가르치지 않게 됐다는 것이었습니다. 이는 이와무라 노부코(岩村暢子)의 『현대 가족의 탄생 – 환상계 가족론의 죽음("現代家族"の誕生 – 幻想系家族論の死)』(2005, 勁草書房)이란 책에 자세히 소개돼 있습니다. 이와무라 씨는 현재 60~70대인 어머니들이 딸을 어떻게 교육시켰는지 조사했습니다. 어머니들은 패전 후부터 1960~70년대 고도성장기에 자녀를 양육했던 세대입니다. 그녀의 딸들이 현재의 30~40대 어머니입니다.

조사 결과 밝혀진 것은 어머니들이 아무것도 가르치지 않았다는 사실입니다. 가르친다는 것은 어떤 의미에서 주입하는 것입니다. 어린이에겐 각자의 개성이 있기 때문에 어린이에게 맞는 교육을 실시해야 한다는 사고 방식이 깔려 있으면 아무것도 가르치지 못하게 됩니다.

다도(茶道)를 배울 때는 선생님의 가르침과 다른 방식의 다도를 시도해선 안 됩니다. 무조건 선생님이 시키는 대로 따라 해야 합니다. 만약 신체 구조상 무릎을 꿇고 앉을 수가 없다면 배우는 것을 포기해야 합니다. 아니면 의자에 앉는 것을 허용하는 선생님을 찾아봐야 합니다.

『현대 가족의 탄생』을 보면 패전 후 바로 주입식 교육이 폐지됐음을 알 수 있습니다. 전쟁 당시 너무도 극단적인 국가주의 교육이 실시됐고, 그에 대한 반성이 폐지의 배경에 깔려 있습니다. 국가주의 교육이 너무도 극단적이어서 판단 능력조차 없는 젊은이를 가미카제 특공대에 입대하게 만들었습니다. 그러나 그에 대한 반성의 결과가 또다른 극단을 낳고 말았습니다.

자녀 중심으로 생각한다

자녀 교육의 원칙은 자녀를 중심으로 생각한다는 것입니다. 자녀를 중심으로 생각한다는 것은, 자녀의 문제를 진지하게 생각하는 것을 의미합니다.

사회는 의식이지만, 어린이는 무의식입니다. 어떤 의미에선 어린이는 동물적입니다. 갓난아기는 인간 사회의 규칙 따위는 모릅니다. 사회에 정식으로 진입한 상태도 아닙니다. 서서히 말을 배우고 사회의 규칙에 익숙해져 갑니다.

 갓난아기는 그런 교육이 시작되기 전의 존재입니다. 자연 그 자체입니다. 그러나 의식 중심 사회는 자연의 가치를 인정하지 않습니다. 자연 보호 및 환경 보호와 어린이 보호는 같은 것입니다.

 어린이가 순진하고 천사 같은 존재라고 주장할 생각은 없습니다. 정말 짜증나는 녀석들도 있습니다. 그러나 자연은 자연 그 자체로서 인정하고 부둥켜안고 가야 합니다. 어른들에게도 자연의 요소가 많이 남아 있습니다. 우선 신체가 자연입니다. 다만 어린이들의 '자연도'가 함량이 높습니다.

 자연 보호에 이의를 다는 사람은 적습니다. 산을 속속 허물어 벌거숭이를 만들어 가는 것을 보면 이래선 안 된다고 생각하게 됩니다. 마찬가지로 어린이를 이토록 무시해선 안 됩니다.

 전에 비해 어린이가 소중히 다뤄지고 있다는 말은 거짓입니다. 어리광을 받아 주는 것과 소중히 대해 준다는 것을 혼동하고 있을 뿐입니다. 지하철에서 날뛰는 아이를 방치하는 것과 소중히 대해 준다는 것을 같은 것으로 볼 순 없습니다.

 오늘날은 철저한 자동차 사회입니다. 그 결과 어린이들이 마음놓고 밖으로 나갈 수 없게 됐습니다. 하지만 자동차 사회가 문제 있다고 말하는 사람은 없습니다. 어린이가 걷지 않고 자동차를 타게 됐으니 소중히 대우받고 있다는 식으로 생각하는 사람이 많지 않을까요.

 집 밖에 나가면 위험하니까 집 안에서 게임이나 하라고 합니다. 손님이 왔을 때 아이들이 시끄럽게 뛰어다니면 방해가 됩니다. 그래서 전에는 손님이 오면 아이에게 밖에 나가서 놀라고 했습니다. 요즘은 TV를 보라고 합니다. 아무 거리낌 없이 그렇게 합니다. 어린이를 그렇게 마구 다뤄도 좋은지 생각해 보지도 않습니다. '좋다'는 것은 어린이가 아닌 어른 자신에게 좋은 것일 뿐입니다.

도시락의 날

 제가 관계를 맺고 있는 고향의 보육원*에서 '도시락의 날'을 만들었습니다. 평소에는 보육원에서 급식을 제공하지만, 한 달에 한 번 있는 '도시락의 날'에는 어머니들이 도시락을 만들어 주십사 부탁했습니다. 자녀에 대한 어머니의 사랑을 상징적으로

---

* 한국에서는 고아원을 보육원이라고 하지만, 일본의 보육원은 우리 나라의 '어린이집'에 해당된다. 대개는 유치원에 들어가기 이전 연령의 아동들이 다니며 시에서 운영하는 공립과 개인이 운영하는 사립이 있다. - 옮긴이

보여 주기 위해 기념일을 만든 것이지요.

'엄마는 너를 위해 사랑으로 도시락을 만든단다.'

그런 마음이 자녀에게 전해지고, 어머니들도 자녀에 대해 곰곰이 생각할 기회를 마련해 주자는 취지였습니다. 자녀와 어머니 모두에 대한 교육이었습니다.

그러나 한 부모가 보육원의 조치가 옳지 않다며 관청에 항의했습니다.

"보육원은 복지 사업이다. 보육원에는 음식을 만드는 영양사도 있다. 따라서 보육원에서 급식을 만드는 데 아무런 어려움이 없다. 그런데 왜 부모가 도시락을 만들어 줘야 하느냐."는 내용이었습니다. 본심은 도시락 만들기가 귀찮다는 것이겠지요. 하지만 그 부모는 '보육원은 지방 자치 단체에서 급식비를 지원받는다.'는 명분을 내세웠습니다.

관청은 보육원에 지시를 내렸습니다. "부모는 두 달에 한 번만 도시락을 만들라."는 것이었습니다. 보육원의 아이디어와 항의자의 희망을 더해서 둘로 나눈 듯한 지시였습니다. 여기서도 어른들의 사정과 형편만을 고려하는 모습을 엿볼 수 있습니다. 어머니의 사랑의 도시락을 한 달에 한 번밖에 먹을 수 없다면 횟수가 너무 적은 것 아닐까요. 자녀들이 어머니의 도시락을 좋아하는지 여부는 별개의 문제입니다.

매일매일 돌봐 주라

자녀를 소중히 대해 준다는 말의 의미는 '돌봐 준다'는 것입니다. 사람들은 자연적인 존재를 완벽하게 이해하지는 못합니다. 자동차 정비와 달리 자연은 완벽한 이해가 불가능한 존재입니다. 따라서 상황이 발생할 때마다 반응을 봐 가며 차근차근 돌봐 줘야 합니다.

어머니들은 시끄럽습니다. "이렇게 하면 안 된다." "그렇게 해도 안 된다." "저렇게 해라." 등등 매일같이 지치지도 않는지 끊임없이 간섭합니다. 사실 자녀는 이처럼 매일같이 간섭하고 돌봐 줘야 하는 존재입니다.

어린이는 강한 면과 지극히 약한 면을 동시에 갖고 있습니다. 병에 걸렸다 싶으면 곧바로 조치를 취해야 합니다. 열이 난다 싶더니 바로 사망해 버리는 등 상태가 급변하는 경우가 많기 때문입니다.

자동차라면 고장난 부품을 바꿔 버리면 그만이지요. 하지만 상대가 '자연'이라면 상태를 세세히 살피며 매일매일 돌보는 수밖에 없습니다. 농사짓는 것과 마찬가지입니다.

"벼는 햇빛과 물과 비료로 자라는 것"이라며 비료나 주고 방치하면 잡초가 무성해집니다. 그래서 매일같이 논에 나가야 하는 겁니다. 잡초를 뽑고 메뚜기를 쫓아내야 합니다. 농사를 잘 지으려면 근성이 있어야 합니다. 상대의 존재를 정당하게 인정해 줘야 합니다.

자녀를 자기 생활의 부록 정도로 여기는 부모 아래서 아이는 잘 자라지 못합니다. 제대로 된 부모는 자녀의 존재를 완벽하게 인정합니다. 매일매일, 순간순간 가슴으로 자녀를 키웁니다. 그래야 자녀가 보통의 어린이로 성장합니다.

자신의 생각을 자녀에게 강요해선 안 됩니다. 현실을 무시한 채 머리로만 생각하는 것을 '이렇게 하면 저렇게 된다.' 방식이라고 합니다. 자연을 그런 식으로 대하면 좋은 결실을 얻지 못합니다. 전망이 보이질 않습니다. "내가 그렇게 공을 들였는데, 도대체 마음대로 되는 것이 없다."고 한탄할 수도 있습니다. 그런 한탄은 잘못된 비관입니다.

'이렇게 하면 저렇게 된다.' 방식

'이렇게 하면 저렇게 된다.' 즉 '이렇게 하면 반드시 저런 결과가 나온다.'는 사고 방식이 있습니다. 의식 중심 사회, 그리고 도시 사람들의 전형적인 사고 방식입니다.

우주 왕복선이나 로켓은 '이렇게 하면 저렇게 된다.'의 전형입니다. 인간이 많은 노력을 들여 달까지 로켓을 날린다는 것 자체는 대단한 일입니다. 그러나 어느 정도 과학적 이치를 아는 사람은 이론상 그렇게 하면 로켓은 당연히 달까지 가게 돼 있다고 여길 뿐입니다. 예상했던 결과가 나오는 것이기 때문에 따분하기까지 합니다.

달까지 날아가도록 설계했고 이론적으로 결함이 없으니 당연히 달에 도착하리라 생각했는데, 갑자기 달을 지나 화성까지 간다면 놀라겠지요. 로켓은 예상대로 성공하든가 실패하든가 둘 중 하나뿐입니다. 반면 로켓이 아닌 생물에겐 성공과 실패를 넘어서는, 예측 못하는 측면이 있습니다.

'계획대로' 여행을 다녀왔다며 기뻐하는 사람들이 있습니다. 하지만 그런 여행은 시시할 것 같습니다. 시간표대로 움직이는 '시간 마니아'를 비판하자는 것은 아닙니다. 사람들의 취향은 다양하며, 거기에 이의를 달 생각은 없습니다. 자유입니다. 하지만 세상이 '이렇게 하면 저렇게 된다.'는 식으로만 움직인다면 너무 시시할 것 같습니다. 이렇게 했으니 당연히 그렇게 된다는 식의 주장엔 절대 동의할 수 없습니다.

물론 모든 사람이 예측 불가능한 짓만 했다가는 세상이 남아

나질 않습니다. 땡전 한 푼 없이, 시간표도 없이 떠난다면 여행 자체가 불가능합니다. '이렇게 하면 저렇게 된다.'는 식으로 움직이는 사람이 많지 않으면 세상은 돌아가지도 않습니다.

하지만 그런 신념이 통용되는 범위는 생각보다 제한적이란 사실을 알아야 합니다. '이렇게 하면……'이 제1의 원리가 되면 곤란하다는 말입니다. 그럴 경우 원리주의로 연결되고 맙니다. 그래서 항상 의식하고 주의해야 합니다. 저 역시 이 점을 잊지 말자고 제 자신에게 다짐하곤 합니다.

'이렇게 하면 저렇게 된다.'는 사고 방식이 만연했기 때문에 소자화(少子化) 현상이 나타난 것입니다. 어린이는 결코 이렇게 하면 저렇게 되는 존재가 아닙니다. 아무리 열심히 일해도 농사를 망칠 수 있습니다. 회사원은 노동의 정당한 대가를 인정받지 못할 경우 회사를 상대로 소송할 수 있습니다. 하지만 농민이 하늘을 법정으로 부를 수는 없는 일입니다.

매일같이 자녀의 상태를 살핀다는 것은 보통 일이 아닙니다. 반면 회사일 때문에 매일같이 밤늦게 퇴근하면 아이들이 제대로 자라지 못합니다. 자녀와 회사를 양립시키는 것은 몹시 힘든 일입니다. 매일같이 아이들을 돌봐 주고 자녀의 상태를 살피는 데에는 엄청난 노력이 필요합니다. 하지만 이를 통해 인내와 근성이 생겨나게 됩니다. 부모에게도 덕이 되는 것입니다.

어린이와 주식은 다르다

자녀의 가치가 떨어졌다는 것은 자연의 가치가 떨어졌다는 것과 같은 말입니다. 이는 인간이 자연과 필연적으로 접해야 하는 상태에서 벗어났다는 것과 관계가 있습니다. 1차 산업은 필연적으로 자연과 접해야 하고, 직면하고 돌봐 줘야 합니다. 농업·어업에 국한된 것이 아닙니다. 광산에서 작업할 때도 갱도가 무너지는 것을 막기 위해 다양한 예방 조치를 취합니다. 이 역시 자연을 돌봐 주는 것이라 할 수 있습니다. 절대적으로 안전한 갱도는 없겠지만, 버팀목을 튼튼히 많이 세우면 세울수록 안전도 좀더 보장됩니다. 자연과 접하면서 그런 안전 조치를 익힌 사람이라면 자녀를 키우는 것이 좀더 쉬울 것입니다. 광산을 안전하게 만드는 것과 자녀를 키우는 원리는 같기 때문입니다.

하지만 IT산업처럼 모든 업무를 계산을 통해 처리하게 되면 사정은 달라집니다. 이런 조치를 해서 이런 사태가 발생하면 저렇게 하고, 저런 사태가 일어나면 이렇게 한다는 등 모든 것이 계산으로 가능해집니다. '이렇게 하면 저렇게 된다.'는 방식의 직종입니다. 주식 거래는 자신이 얻는 이익이 얼마나 될지 어느 정도 예측이 가능합니다. 하지만 자녀에겐 통하지 않는 방식입니다.

절반으로 줄어든 세상

도시화는 왕따의 원인이기도 합니다. 왕따가 현대 사회에서 처음 나타난 것은 물론 아닙니다. 흔히들 요즘은 사회가 음험하고 삭막하기 때문에 자살하는 사람이 늘었다고 합니다. 전에는 좀 더 밝았다는 것이겠지요. 하지만 아닙니다. 전에는 도피할 공간이 있었을 뿐입니다.

과거에는 세상이 두 개로 나뉘어 있었습니다. 즉 자연의 세상과 인간의 세상이 공존했습니다. 인간과 부대끼며 사는 세상이 싫다면 자연으로 도피할 수 있었습니다.

공부나 운동을 못해도 곤충 채집에서 능력을 발휘할 수 있었습니다. 또 왕따당하던 학생이 자연에서 능력을 인정받으면 다른 이를 돌봐 줄 수 있는 존재로 변신하기도 했습니다. 하지만 현대 사회에서는 인간이 활동할 수 있는 세상이 절반으로 줄어 버렸습니다. 즉 자연이 사라지고 인간 세상만 존재하게 됐습니다.

인간 세상, 자연 세상 모두 긍정적인 면과 부정적인 면을 갖고 있습니다. 왕따는 인간 세상의 부정적인 측면 중 하나겠지요. 자연 세상이 사라진다는 것은, 인간 세상의 부정적 측면이 상대적으로 확대되는 것을 의미합니다. 전에는 세계의 4분의 1이었던 것이 2분의 1로 커졌기 때문입니다.

한 여성이 중학생 때 왕따당한 경험을 책으로 냈습니다. 그 책을 읽어 보고 한 가지 특징을 발견했습니다. 책에 전혀 등장하지 않는 특정한 존재가 있다는 사실이었습니다. 그것은 바로 화조풍월(花鳥風月)이었습니다. 즉 날씨, 꽃, 계절 등 자연 얘기가 없었습니다. 왕따당하는 사람이 자연을 바라보지 않음을 알 수 있었습니다.

그녀에게 세상은 인간 세상만을 의미했습니다. 세상이 절반밖에 없었기 때문에 왕따가 상대적으로 무겁게 짓눌렀던 것입니다.

물론 자연에도 부정적인 측면이 있습니다. 홍수, 벼락 등은 자연의 부정적 측면입니다. 긍정적인 면은 맑게 갠 날 야외로 나가 보면 압니다.

마찬가지로 인간 세상에도 긍정-부정적인 면이 공존합니다. 선생님에게 칭찬을 듣는다거나, 부모님에게 칭찬이나 용돈을 받는 일 등은 알기 쉬운 인간 세상의 긍정적 측면입니다. 선생님에게 꾸지람을 받는다거나 부모에게 맞는다거나, 친구에게 왕따당하는 일은 부정적 측면입니다. 그런 식으로 네 개의 세계가 존재해 왔습니다.

그 여성의 책에는 "선생님이 뭐라고 하셨다." "친구가 뭐라고 했다." 등등 인간 세상의 일은 지겨울 정도로 많이 소개돼 있었습니다. 하지만 선생님이 뭐라고 말씀하신 그 날 과연 비가 내렸는지, 바람이 불었는지, 아니면 달이 밝았는지는 전혀 알 수 없었습니다. 그런 세상에 살면 왕따의 고통이 배가됩니다.

요즘은 어린이들이 하와이나 괌에도 여행을 가는 시대이므로 세상이 넓어지지 않았느냐고 생각할 수 있습니다. 착각입니다. 해외 여행은 매일처럼 일어나는 일상의 일이 아니기 때문입니다. 화창하게 맑은 인생의 어느 하루의 일에 불과합니다. 일상 생활은 전에 비해 훨씬 좁아졌습니다.

왕따를 유발하는 요인

어린이뿐 아니라 어른 중에도 왕따당하는 사람이 있습니다. 대학 교수로 있는 제 친구 역시 어른이 된 뒤에도 왕따 문제로 고민했습니다. 어느 날 내가 "너, 왕따당하고 있지?"라고 묻자 그렇다는 답변이 돌아왔습니다. 그는 왕따 때문에 근무하던 대학을 옮기기도 했습니다.

그가 왕따당한 이유는 자명했습니다. 왕따당하기 쉬운 체질이었던 겁니다. 사실 저조차도 그를 괴롭히고 싶었습니다.

어린 학생들끼리의 왕따와 달리 어른들은 약하다고 무조건 왕따를 하지는 않습니다. 그가 왕따당한 이유는 상대편을 불안하게 만들었기 때문입니다. 하지만 그는 깨닫지 못했습니다. 다소 둔감했습니다. 물론 그런 측면이 있더라도 그가 강인했다면 당하지 않았을 겁니다.

그는 타인이 자신을 괴롭힐 여지를 제공했습니다. 그런 틈이 있기 때문에 상대방이 공격했던 겁니다.

그는 왜 상대방의 공격을 막지 못했을까요. 이 역시 명확합니다. 왕따당하는 유형의 사람은 자신의 논리로만 사물을 이해하려 하기 때문입니다. 자신의 잘못은 생각 못한 채 "왜 나만 못살게 구나." "왜 나에게만 잔소리를 해댈까."라고 생각해 버립니다. 상대의 사디스트적인 측면을 유발하는 요인이 자신에게 있다는 것을 모릅니다. 물론 왕따를 시킨 원인이 정당한지 여부는 별개 문제입니다. 부당한 경우가 많겠지요. 하지만 분명한 현실은 왕따를 유발하는 요인을 가진 사람이 존재한다는 것입니다.

그런 사람의 특징 중 하나는 상대가 관심을 갖건 말건 계속 얘기한다는 것입니다. 발언에 관한 한 프로 수준인 경우가 많기 때문에 매우 논리정연하게, 더구나 장시간 자신의 주장을 펼칩니다. 그것이 바로 왕따를 초래합니다. 말할 때 상대방의 반응을 전혀 살피지 않습니다. 자기 중심적입니다. 반면 결코 강인하지 않습니다. 그런 사람은 대학에서 곧바로 왕따가 되고 맙니다.

자기 중심적으로 끝없이 말하는 것은 상대를 무시하는 행위입니다. 상대 입장에서는 지겨운 말을 계속 들어야 하는 자신이 피해자인 셈입니다. 그래서 피해자들이 반격에 나서게 되고, 그것이 표면적으론 왕따로 나타나는 것입니다. 왕따당하는 사람은 그런 상황을 깨닫지 못합니다.

왕따당하는 어린이 중에도 가해자측에 타당한 이유가 있는 경우가 있습니다. 피해자가 자신의 단점을 깨닫는다면 해결의 실마리를 찾을 수도 있습니다.

물론 용모나 출신 때문에 왕따당하는 경우도 있습니다. 하지만 그런 것은 왕따가 아니라 차별입니다. 피해자에겐 아무 책임도 없기 때문에 결코 용서해서는 안 됩니다.

왕따당하던 어린이가 어른이 되면 신기하게도 왕따를 자초했던 습성이 사라집니다. 제 친구도 나이를 먹은 덕분인지, 최근 왕따에서 벗어났습니다. '어른'이 됐다는 증거입니다.

06

전쟁, 그 이후

싼 인건비만을 노리고 중국에 진출하겠다는 것은, 마오쩌둥 이전에 행해지던 농촌에 대한 착취와 큰 차이가 없는 짓입니다. 일본 기업이 그런 일을 해서는 안 됩니다.

'경제 논리란 그런 것'이라고 주장할지도 모릅니다. 하지만 그런 짓은 엄연한 사기입니다. 고전적 착취에 불과합니다. 상하이(上海)는 인건비가 비싸졌기 때문에 기업을 다른 곳으로 이전하는 방안을 생각하는 사람도 있습니다. 말릴 수는 없겠지요. 하지만 인건비가 싸다며 맘껏 부려먹은 뒤 비싸지니까 도망치는 것은 결코 옳은 일이 아닙니다.

전쟁을 실감하지 못하는 세대

저는 전쟁 책임을 몸으로 느끼지 못합니다. 총리 중에도 고이즈미 전후의 세대는 전쟁에 대한 기억이 없을 겁니다. 적어도 전쟁에 직접 관여하지는 않았습니다. 본인이 기억조차 못하는 일 때문에 이런저런 말을 들어야 한다는 것이 납득하기 어려울 것입니다. 실감이 없기 때문에 전쟁 당시의 일을 모르는 겁니다. 저도 그러할진대, 하물며 젊은이들이야 말할 것도 없습니다.

한국이나 중국이 일본의 전쟁 책임을 격렬히 비판하고, 일본이 반발하는 상황이 계속되고 있습니다. 한국과 중국은 피해자로서 아픔을 말하는 것일 겁니다. 일본의 일각에서는 대일 전략의 일환으로 반일을 외친다는 주장도 나오고 있습니다.

그런데 그렇게도 전쟁에 대해 비판적인 한국과 중국이 군사력을 증강시키고, 경제를 강화하려 합니다. 어찌 보면 전쟁에 지기 바로 전에 일본이 추구하던 부국강병 노선입니다.

물론 한국의 경우 북한 문제로 인해 피할 수 없는 상황일 것입니다. 그런데 최근 TV에서 중국이 반일 운동을 하는 장면을 보니, '일화배척(日貨排斥)'이란 글자가 나왔습니다. 중국이 또다시 일본을 상대로 전쟁을 하고 있는 것 같아 우울했습니다. 2차 대전 당시 나타났던 중국인의 반응과 같았습니다. 그들은 전쟁에서 교훈을 얻지 못했습니다. 실제로 전쟁에서 교훈을 얻은 것은 일본이고, 중국인은 얻지 못한 것입니다.

일본 기업의 노동 착취

중국을 상대할 때 주의해야 할 점은, 베이징(北京) 정부만 봐서는 안 된다는 것입니다. 일본 정부는 늘 베이징 정부만을 상대합니다. 그러나 베이징 정부는 중국의 전부가 아닙니다. 마오쩌둥(毛澤東)은 '중국은 점(点)과 선(線)이 아니다.'고 했습니다. 점은 도시이며, 선은 교통망입니다. 인구의 8할을 차지하는 농민은 점과 선의 바깥에 있다는 말입니다. 그래서 마오쩌둥은 농촌에서 봉기했던 것입니다. 지금도 그런 상황에 큰 변화는 없습니다.

중국의 임금이 싼 것은 농촌에 방대한 인구가 있기 때문입니다. 농촌의 잉여 인구가 도시로 올라와 저임금으로 일하기 때문에 싼 것입니다.

싼 인건비만을 노리고 중국에 진출하겠다는 것은, 마오쩌둥 이전에 행해지던 농촌에 대한 착취와 큰 차이가 없는 짓입니다. 일본 기업이 그런 일을 해서는 안 됩니다.

'경제 논리란 그런 것'이라고 주장할지도 모릅니다. 하지만 그런 짓은 엄연한 사기입니다. 고전적 착취에 불과합니다. 상하이(上海)는 인건비가 비싸졌기 때문에 기업을 다른 곳으로 이전하는 방안을 생각하는 사람도 있습니다. 말릴 수는 없겠지요. 하지만 인건비가 싸다며 맘껏 부려먹은 뒤 비싸지니까 도망치는 것은 결코 옳은 일이 아닙니다.

인건비가 올라가는 것은 당연합니다. 그 정도는 각오해야 합니다. 그런 각오조차 없다면 서둘러 사업을 접는 것이 낫습니다.

중국 인건비가 비싸졌으니 베트남으로 가면 된다고 생각할지도 모릅니다. 그렇다면 일본 남부에서 공장을 운영하다가 인건비가 비싸지니까 더 오지로 공장을 옮기는 것에 대해선 어떻게 생각하십니까. 그런 경제 활동에는 보편성이 없습니다. 일본 기업을 비판하는 사람을 상대하기보다, 현지인들에게 정당한 보수를 지급하며 기업 활동을 해야 합니다.

중국에서 식목(植木) 활동을 하는 일본 자원 봉사자들이 있습니다. 그것이야말로 전쟁에 대한 반성을 실천하는 일입니다. 중국에 나무를 심으면 일본도 이익을 봅니다. 황허가 말라 버리는 것을 막아 주므로 일본이 피해를 보는 것을 예방할 수 있기 때문입니다.

싸움을 벌이는 것도 나쁘지만, 그저 사이좋게 지내자고 말로

만 떠드는 것도 의미가 없습니다.

분단에 대한 책임

한국 문제는 북한과 연계시켜야 제대로 이해할 수 있습니다. 남북한은 같은 민족입니다. 한국 사람 중 친북파의 비율이 얼마인지는 모르지만 진심으로 북한을 싫어하는 사람이 한국에 얼마나 있을까요. 복잡한 문제입니다. 북한에 대해 한국인들이 갖는 감정이 분열돼 있기 때문입니다.

저는 한반도 안정을 위해선 남북한이 하나로 통일되는 것이 최선이라고 생각합니다.

남과 북이 하나가 되면 상황은 간단해집니다. 어차피 같은 나라, 같은 민족, 같은 언어입니다. 한반도의 분단은 민족의 비극이며, 남한과 북한 모두에 발전을 저해하는 요소로 작용하고 있습니다.

분단은 소련과 미국이 책임져야 하는 문제입니다. 그들은 전쟁을 일으킨 존재이면서도 나 몰라라 하고 있습니다.

헌법 9조와 양심의 가책

일본은 중국 대륙 문제에 개입하려 하면 안 됩니다. 이해하기 힘든, 극단적인 친중이나 반중은 필요 없습니다. 섣부른 우호 정책은 의미가 없습니다. 적대할 필요도 없지만, 진심과 상관없이 '중국과의 우호가 가장 중요하다.'고 떠들어댈 필요도 없습니다. 밀착하지도, 그렇다고 결별하지도 않은 상태로 있는 것이 좋습니다.

다만 그것과 일본이 결백하다고 주장하는 것은 별개 문제입니다. 인간은 자신이 옳지 않다는 사실을 참지 못합니다. 항상 정의로 가득한, 오류 없는 존재이길 바랍니다. 부담감을 갖지 않겠다는 것이지요. 결백한 인간이 되고 싶다는 것이, 대다수 일본인의 뿌리 깊은 습성입니다.

하지만 양심의 가책이 없는 사람만큼 두려운 존재는 없습니다. 항상 양심의 가책을 느끼며 죄에 대한 책임을 느끼는 존재, 그것이 바로 성숙한 인간의 자세입니다. 저는 일본의 군대 보유 및 전쟁 행위 금지를 규정한 헌법 9조 폐지에 반대합니다. 인간은 항상 죄의식을 갖고 살아야 하기 때문입니다.

헌법 9조는 폐지하지 말고 존치해야 합니다. 헌법 9조가 살아 있어야 군대를 동원할 때도 어쩐지 주저하게 되고, 다양한 찬반

논쟁이 일어날 수 있습니다.

9조가 폐지된다면 주저함, 양심의 가책 없이 군대를 동원하게 될 것입니다. 도저히 참을 수 없는 일입니다. 군대를 동원하는 경우에는 '엄청나게 나쁜 일을 하고 있다.'는 죄책감이 뇌리에 새겨지도록 해야 합니다. 9조가 사라진다면 '정정당당히' 살인하러 나간다고 생각하게 될지도 모를 일입니다.

일본이 추구해야 할 이상향이 무저항주의라고 주장하는 것은 아닙니다. 상황에 따라 자위대 동원이 불가피할 수 있습니다. 저도 현실에는 대처해야 한다고 봅니다.

일본 이외의 나라에서는 국가가 사람을 죽이고 전쟁을 일으키는 것이 인정됩니다. 중국, 미국 등 대개의 국가가 그렇습니다. 하지만 이건 정말로 좋지 못한 일입니다. 전쟁 당사자이기 때문에 잘 알고 있습니다.

저는 머리 위로 소이탄이 떨어지는 것을 경험했던 세대입니다. 그런 말도 안 되는 행위를 하면서 양심의 가책이나 죄책감을 느끼지 못한다면 정말 곤란합니다.

여론 조사의 왜곡

여론 조사를 하면 헌법 개정을 지지하는 응답자가 많습니다. 하지만 여론 조사는 그리 믿을 만한 것이 못 됩니다. 왜 취직하지 않느냐는 질문에 프리터가 "나에게 맞는 직업을 찾고 있기 때문"이라고 대답하는 것과 마찬가지입니다. 즉 사람들은 대부분 정답이라고 생각하는 모범 답안을 선택하는 일이 많습니다. '공개적으로 드러난 발언은 신뢰할 수 없다.'는 것이 오래 된 상식입니다.

여론 조사는 '모범 답안이 존재한다.'는 상황을 설정하고 있습니다. 그래서 당연히 헌법 개정 찬성률이 높게 나옵니다. 여기서도 의식보다 1초 먼저 뇌가 움직인다는 점을 알 수 있습니다.

뇌는 상황에 따라 움직이며 의식은 뇌 움직임의 총결산으로서 발생하는 것입니다. 머릿속에서 투표를 하고 있는 것이나 마찬가지입니다. 그래서 자신이 100% 옳다고 생각해서는 절대 안 된다고 거듭거듭 말하고 있는 겁니다.

기독교적 세계에서는 양심의 가책이란 말을 자주 들을 수 없습니다. 기독교에도 원죄라는 개념은 있습니다. 하지만 양심의 가책은 원죄와는 다른 개념입니다. 기독교인들은 원죄를 끊임없이 씻어내려 합니다. 어린이가 태어난 뒤 행하는 세례는 그

전형입니다. 기독교인들은 명분상 죄는 물론 양심의 가책까지도 씻어 없애려 합니다.

하지만 인간은 자신이 죄인이란 사실을 알기 때문에 타인에 대해 관대해질 수 있는 것입니다. 그것이 참된 크리스천 아닐까요.

오른뺨을 맞고 왼뺨을 내주는 사람이 얼마나 있을까요. 있을 리 없습니다. 부시 대통령은 전형적인 크리스천이지만 하는 행동은 딴판입니다. 부시는 왼쪽 뺨을 맞으면 곤봉으로 상대편 머리를 내리칩니다.

피해자 근성

미국은 이라크인들에게 "당신들은 후세인의 피해자"라고 말합니다. 그러나 "우리들은 피해자이며 미국은 구세주"라며 맞장구치는 이라크인은 없습니다. 본인이 피해자라고 생각하지 않는 한 피해자가 아니기 때문입니다.

제 자신 2차 대전의 피해자라고 생각합니다. 당연합니다. 초등학교 2학년 어린이 머리 위로 폭탄이 떨어졌습니다. 먹을 것도 없었습니다. 공습 경보가 나면 방공호로 달려가야 했습니다.

저 자신도 일본이 일으킨 전쟁의 피해자인 것입니다.

  일본인이 한 짓을 용서하라는 것이 아닙니다. 많은 중국인이 일본군에게 부모를 잃었습니다. 이는 분명한 사실입니다. 그 사람들은 당연히 피해자입니다. 하지만 전쟁으로 인해 피해를 봤다는 점에서 저 역시 피해자의 범주에 들어갑니다. 전쟁을 일으킨 당사자도 무사할 수는 없습니다.

07

야스쿠니 문제와 위령제

인간이란 뭔가를 믿지 않으면 살아갈 수 없는 존재입니다. 그걸 신앙이라고 합니다. 다시 말해 신앙이 없는 사람은 없습니다. "나는 아무것도 믿지 않는다."는 사람도, 그런 '불신앙'의 규칙만은 믿고 있습니다. 사상이나 종교가 없는 사회는 없습니다.

헌법에서 말하는 정교 분리란 정치와 종교가 손잡고 나쁜 일을 해서는 안 된다는 것입니다. 달리 표현하자면, 종교의 몫과 정치의 몫을 확실히 구분하라는 말입니다.

개인으로서의 참배는 본인의 자유

헌법 9조 폐기 여부와 야스쿠니(靖國) 신사 참배는 별개의 문제입니다. 야스쿠니에 참배할지 말지는 고이즈미 총리 본인이 알아서 결정해야 할 사항입니다. 헌법에 '사상과 양심의 자유', '종교의 자유'가 보장돼 있기 때문입니다. 단, 정교(政教) 분리의 원칙이 있으므로 방명록에 '일본 총리'라고 서명해서는 안 됩니다. 그 경우 정치인으로서 공식 참배하는 것이기 때문입니다.

총리가 아닌 고이즈미 개인으로서의 참배는 완벽히 본인의 자유입니다. 극단적으로 말하자면, 사이비 종교인 옴 진리교를 믿건 말건 개인이 결정할 문제입니다. 옴 진리교 신자라는 사실을 감추고 출마한다면 문제겠지만 그것 역시 누가 물어 보지 않는 한 말하지 않아도 상관 없는 일입니다.

따라서 총리에게 매번 "야스쿠니에 참배할 예정입니까?"라고 묻는 것 자체가 불필요한 일입니다. 참배를 계속 추궁하는 것이야말로 프라이버시 침해입니다.

무종교 묘지

일본 정부는 야스쿠니 참배와 관련해 위원회를 만들었습니다. 위원회에서 위원들의 의견이 세 가지로 나뉘었습니다.

정부가 만든 위원회였기 때문에 '총리 참배는 문제 없다.'는 의견이 다수였습니다. 반대파도 있었습니다. 중립파는 '국립 묘지를 만들자.'는 의견을 내놨습니다. 야스쿠니 부근에 국립 무종교 묘지를 만들라는 제안이었습니다. 현재 이 의견을 지지하는 사람들이 늘고 있습니다. 가장 온당해 보이기 때문입니다. 하지만 저는 '무종교 묘지'에 결코 찬성할 수 없습니다. 가능하지도 않은 일입니다.

도쿄 대학 의학부는 해마다 도쿄의 텐노지(天王寺)란 절에서 해부한 시체들을 위한 위령제를 지냅니다. 절에는 해부한 시체를 모시는 묘지도 마련돼 있습니다.

어느 날 의학부장 앞으로 항의 편지가 도착했습니다. '도쿄 대학의 위령제는 헌법 위반'이란 내용이었습니다. 국립 대학 의학부가 종교 시설에서 추도 행사를 하는 것은 정교 분리의 원칙에 위배된다는 주장이었지요.

의학부장은 위령제 방식을 바꿔야 되는 것 아니냐며 다음과 같이 물었습니다.

"다른 국립 대학들은 사찰에서 2단계로 구분된 위령제를 지내고 있습니다. 위령제 중간까지는 종교 색을 배제한 채 진행하다가, 위령제 후반에 스님을 불러 불교식으로 합니다. 우리도 그런 식으로 하면 어떨까요."

저는 여러 사람에게 의견을 구했고, 법률 전문가에게 자문도 했습니다. 결론은 해부한 시체의 위령제는 특수한 예에 해당되므로 현재의 방식을 바꿀 필요는 없다는 것이었습니다.

사형수를 위한 위령제

지금으로부터 250여 년 전, 야마와키 도요(山脇東洋)가 일본 최초로 사형수의 시체를 해부한 후, 사찰에서 위령제를 지내 줬습니다. 당시 그가 지낸 위령제는 완벽한 위법 행위였습니다. 죄인의 시체였기 때문입니다. 사형수는 정부에 반기를 든 존재이며, 정식 매장이나 제사가 허용되지 않았습니다.

18세기 후반 히라가 겐나이(平賀源內)라는 학자가 처형당했을 때 제자가 "스승의 옷이라도 가져갈 수 있게 해달라"고 부탁했습니다. 유품을 수습하기 위함이었습니다. 하지만 그조차 허락

되지 않았습니다. 스승은 정부에 반역을 꾀한 죄인이었기 때문입니다.

그런 시대였음에도 야마와키는 해부한 시체를 위해 위령제를 지내 줬습니다. 이런 전통에 따라 도쿄 대학도 19세기 말부터 절에서 위령제를 지냈습니다.

정교 분리

죽은 자에게 애도를 표하는 행위를 막을 수는 없습니다. 헌법의 정교 분리 조항을 감안해 위령제에서 종교 색을 빼자는 주장도 있지만 동의하기 힘듭니다. 위령제 자체가 종교 행사이기 때문입니다. 불교를 '장의(葬儀) 종교'라 부르는 것도 그런 연유에서입니다. 무종교 위령제란 것은 상상하기 힘듭니다. 헌법의 정교 분리는, 국가가 종교에 개입하는 것을 막아야 한다는 말입니다.

위령제에서 종교 색을 빼면 어떻게 될까요. 절이 아니라 대학 구내에서 위령제를 지낸다고 합시다. 도쿄 대학에는 위령제를 치를 만한 시설이 없으므로 우선 시설부터 마련해야 합니다. 하지만 국립 대학이 교내에 시설을 만들고 위령제를 지내면 그 자체가 '국립' 종교 행사가 됩니다. 교수가 위령제를 주재한다면 교수가 신관(神官)이 되는 셈입니다.

무연고 시신이었는데, 돌연 유족이 나타나 시체 반환을 요구할 수도 있습니다. 이에 대비해 교내에 납골당이나 묘지까지 만들어야 합니다. 묘지 관리도 정부가 해야 합니다. 당연히 공무원이 담당하겠지요. 이는 정부가 새로운 종교를 만드는 것이나 다름없습니다. 그것이 오히려 정교 분리에 위배되는 것이 아닐까요. 헌법은 그런 행위를 금지하고 있다는 것이 저의 헌법관입니다.

외부 종교 단체에 장례를 맡기는 것이 가장 안전합니다. 만약 무슨 문제가 생기면 '예산이 없어서 외부 행사인 위령제를 중지한다.'고 교수 회의에서 결정해 버리면 되기 때문입니다. 이것이야말로 진정한 의미의 정교 분리입니다.

신설된 사립 의대들은 모두 학교 내에 납골당 시설을 갖추고 있습니다. 사립대의 위령제 명칭은 대개 '헌화식'입니다. 사립 대학은 헌법의 정교 분리 대상이 아니기 때문에 문제가 없습니다.

앞에서 소개한 위령제 반대 항의 사건은, 대학 총장이 사찰에서 열리는 장례식에 참석하는 것조차 문제가 되던 시절에 발생한 일이었습니다. 한 장의 항의서가 '도쿄 대학판 야스쿠니 문제'를 일으켰던 겁니다. 그런 경험을 했기 때문에 야스쿠니 참배와 관련, 종교 색을 배제한 시설을 만들자는 제안에 반대합니다.

신문 기사를 보면 '무종교 시설에 참배한다.'라는 표현이 나옵니다. 하지만 무종교 시설에서 '참배'하는 것은 불가능합니다. 미술관에 참배한다고 표현하는 것이나 마찬가지입니다. 입장이나 관람은 가능해도 참배는 불가능합니다. 이를 봐도 일본인들이 종교에 얼마나 무지한지 알 수 있습니다.

인간이란 뭔가를 믿지 않으면 살아갈 수 없는 존재입니다. 그걸 신앙이라고 합니다. 다시 말해 신앙이 없는 사람은 없습니다. "나는 아무것도 믿지 않는다."는 사람도, 그런 '불신앙'의 규칙만은 믿고 있습니다. 사상이나 종교가 없는 사회는 없습니다.

헌법에서 말하는 정교 분리란 정치와 종교가 손잡고 나쁜 일을 해서는 안 된다는 것입니다. 달리 표현하자면, 종교의 몫과 정치의 몫을 확실히 구분하라는 말입니다.

08

돈의 문제

돈으로 미국 메이저리그 양키즈 구단을 살 수는 있어도, 양키즈의 4번 타자가 되지는 못합니다. 구단을 산 뒤 주위의 반대를 물리치고 능력 없는 선수를 4번 타자 자리에 앉힌다면 야구가 망가집니다.

'돈으로 해결할 수 있는 문제라면 좋으련만'이란 말이 있습니다. 정곡을 찌르는 말입니다. 돈으로 해결하지 못할 곤경에 빠져 있다면, '돈으로 해결할 수 있는 문제라면 얼마나 좋을까.'라고 생각할 것입니다.

한 달 치 봉급과 컴퓨터 한 대

'돈으로 사지 못하는 것은 없다.'는 말이 있습니다. 이 말 자체가 틀린 것은 아닙니다. '돈으로 살 수 있는 것만이 현실'이라고 생각하는 사람에겐 맞는 말이기 때문입니다. 세상이나 현실이 그런 것이라고 생각한다면 당연히 돈으로 '모든 것'을 살 수 있겠지요. 그런 사람들은 돈으로 살 수 있는 것만이 세상에 존재하는 것이라고 생각합니다.

하지만 실제로 그럴까요. 이는 '의식하는 것만이 현실'이란 주장과 같습니다.

경제의 세계는 뇌의 내부 구조와 똑같습니다. 뇌는 귀나 눈을 통해 들어온 신호를 하나의 통일된 신호로 바꿉니다. 경제도 마찬가지로 모든 것을 수치화합니다.

사람은 뇌로 들어온 모든 것을 돈으로 바꿀 수도 있습니다. 바꿀 수 있다는 것은 같은 것으로 만든다는 말입니다. 예를 들어 보지요.

사람의 뇌는 열심히 일해서 번 한 달 치 봉급과 컴퓨터 한 대를 같은 것으로 간주할 수 있습니다. 한 달의 노동과 컴퓨터 한 대는 결코 동일한 것이 아닙니다. 하지만 뇌는 가능한 한 입력된 정보를 같은 것으로 만들어 버리려 합니다. 인간은 이렇게 의식이 주도하는 세계를 만들어 놓고 이를 도시라고 칭하고, 문명이라고 부르거나 진보라고 이름 붙입니다.

이는 매우 인간적인 기능입니다. 동물에겐 그런 기능이 없습니다. 동물은 결코 외부에서 들어온 다양한 신호나 감각을 동일한 것으로 만들지 않습니다. 다양한 감각을 받아들인 뒤 서로의 차이를 구별해 내서 '다르다'고 판별하는 기능밖에 없습니다. 동물은 사물을 있는 그대로 받아들이는 '절대 음감'을 가진 존재인 것입니다. 동물은 절대로 한 달 치 노동과 컴퓨터를 동일시하지 못합니다.

'돈으로 살 수 없는 것은 없다.'는 말에는 반발하면서도 '돈만 있다면……'이라고 생각하는 사람은 많을 것입니다. 돈이 없어 곤경에 처했을 때 그런 말을 하겠지요. 하지만 그럴 때 사고방식을 바꾸면 어떨까요. '이렇게 귀중한 것을 어찌 돈 따위로 해결할 수 있겠는가.'라는 식으로 말입니다. '돈으로 해결할 수 있다면 소중한 것이 아니다.'라는 식으로 생각하면 마음이 편해질 것입니다.

나에게 남으면 누군가는 모자란다

저도 돈에 원한이 많습니다. 대학 교양 학부 시절 어머니의 빚 때문에 심하게 당했습니다. 어머니가 보증 섰던 어떤 사람이 도망갔고, 빚만 남았습니다. 그래서 제가 채권자들을 찾아다니며 사과했고, 채권자들은 어머니 대신 돈을 갚으라고 했습니다.

당시 이런 생각을 했습니다.

'저 사람들은 여유가 있기 때문에 돈을 빌려 줬던 것이 아닐까.'

당시에는, 제 통장에 돈이 남아 있으면 저 대신 누군가 돈이 모자라 어려움을 겪을 것이라고 생각하곤 했습니다. 정부는 필요한 만큼만 돈을 찍어낼 테니 내 통장에 예금이 남아 있다면 분명 어딘가의 누군가가 돈이 모자라 어려움을 겪을 것이라고 생각했던 것입니다. 그래서 돈이 들어오면 쓰면 된다고 생각했습니다. 신혼 시절 제게 저금이 한 푼도 없다는 사실을 안 집사람은 기막혀했습니다.

"돈으로 살 수 없는 것은 없다."라는 말과 "돈이 모든 것"이라는 말은 다릅니다.

돈이 모든 것이란 사고 방식을 갖게 되면, 자신의 행동을 돈으로 규정하게 됩니다. '얼마나 이윤이 남느냐.'가 행동의 기준이 됩니다. 곤충 채집 따위는 효율이 낮기 때문에 의욕을 잃게 됩니다. 대신 다른 일을 해서 돈을 벌고 그 돈으로 곤충 표본을 사게 됩니다. 하지만 그런 식의 삶은 재미가 없습니다. 또 돈으로 산 표본은 개인의 발전에 도움이 되지 않습니다. 돈으로 산 표본에는 바람도, 햇빛도, 채집 당시의 냄새도, 곁에 있던 녀석의 얼굴도 없습니다. 죽은 표본입니다. 현미경으로 표본을 보는 행위 자체야 같겠지만 보는 사람의 흥취는 전혀 다릅니다.

 돈으로 사 모으는 유형의 수집가는 흥미로운 곤충을 많이 보유하고 있겠지요. 하지만 갖고 있을 뿐입니다. 그런 표본은 통장에 들어 있는 예금이나 마찬가지입니다. 통장 속의 돈은 '이 돈을 어떻게 쓸까.'라는 상상의 즐거움만 줍니다. 돈을 사용할 권리를 갖고 있는 데 불과합니다.

돈으로 해결할 수 있는 문제라면…

 '돈으로 살 수 없는 것은 없다.'라고 말하는 사람보다는, '돈으로 살 수 없는 것도 있다.'는 사실을 아는 사람이 세상을 넓게 봅니다. 돈으로 살 수 있는 것은 많지만, 돈으로 살 수 없는 것도 있다고 생각하는 편이 좋습니다. 그렇게 생각하면 삶이 재밌

어집니다. 인간은 돈 이외의 동기로도 움직이지만, 대부분의 사람들은 그렇지 않다고 생각합니다. 돈이 권리에 불과하다는 점을 알지 못하기 때문입니다.

돈으로 미국 메이저리그 양키즈 구단을 살 수는 있어도, 양키즈의 4번 타자가 되지는 못합니다. 구단을 산 뒤 주위의 반대를 물리치고 능력 없는 선수를 4번 타자 자리에 앉힌다면 야구가 망가집니다.

'돈으로 해결할 수 있는 문제라면 좋으련만'이란 말이 있습니다. 정곡을 찌르는 말입니다. 돈으로 해결하지 못할 곤경에 빠져 있다면, '돈으로 해결할 수 있는 문제라면 얼마나 좋을까.'라고 생각할 것입니다.

나이를 먹어서까지 돈만 있으면 모든 것을 할 수 있다고 생각한다면 참으로 딱한 일입니다. 학자들도 비슷한 생각을 합니다. 다만 학자의 경우 돈이 아닌 '머리가 모든 것'이라고 생각하는 경향이 있습니다. 이 역시 진실이 아닙니다.

하지만 인간 사회에는 그런 생각을 하는 사람들이 늘고 있습니다. 사회가 극단적으로 분업화되면 편향된 사람이 나오기 때문인 것 같습니다. 이를 고쳐 주는 것이 종교의 역할입니다. 종교의 위상이 약해지면서 그런 사람들이 늘어났습니다.

진정한 가치

연구비에 대해 몇 번 글을 쓴 적이 있습니다. "연구비가 넉넉한 작업은 돈이 해낸 것이지 당신이 이룩해 낸 업적이 아니다."라는, 미움을 살 만한 글이었습니다.

능력이 엇비슷하다면 당연히 연구비가 넉넉한 쪽이 훌륭한 결과를 내겠지요. 그런 경우에는 연구를 돈으로 살 수 있다는 말이 성립됩니다. 그렇다면 돈으로 살 수 없는 연구란 어떤 것일까요. 달리 표현하자면 '진정한 가치'란 무엇일까요. 이는 자신만이 창출해 낼 수 있는 가치가 무엇인지, 그리고 또 '삶을 왜 사는지'라는 심오한 질문으로 직결됩니다.

자신의 행위가 돈이 될지 못 될지는 우연에 좌우됩니다. 그때그때의 상황에 좌우됩니다. 경마나 주식은 우연의 상징적 존재입니다. 하지만 우연이 인간의 모든 것을 좌우하지는 않습니다. 인생의 가치가 돈을 버는 것이라고 생각하는 사람도 있겠지만 저는 세상의 구멍을 메우는 것이라고 봅니다. 세상에 구멍이 뚫려 있으면 사람들이 어려움을 겪기 때문에 구멍을 메우는 것이 인생에서 가치 있는 일, 아니 인생 그 자체라고 여깁니다. 일로 메울 것인지, 학문으로 메울 것인지는 각자가 결정할 일입니다.

학문이 모든 것이란 말은, 돈이 전부라는 주장과 다르지 않습니다. '이것이 인생의 모든 것'이란 식의 사고 방식은 대개 정상이 아닙니다. 사랑이 모든 것이란 주장도 마찬가지입니다. 이들은 모두 일원론에서 비롯된 겁니다. 돈이 세상의 가치 있는 모든 것은 아닙니다. 돈은 소중한 존재일 뿐입니다.

09

마음의 문제

도시의 인간들은 모든 것을 남의 탓으로 돌려야 속이 풀립니다. 도시는 인간들이 만든 것이기 때문에, 일이 잘못되면 그런 결과를 초래한 인간을 찾아내 책임을 추궁해야 합니다. '흐르는 강물에 흘려보낸다.'는 지혜를 잊은 것 같습니다.

마음의 상처는 스스로 극복하라

요즘 '마음의 상처'란 말을 곧잘 듣습니다. 마음의 상처는 '어깨 결림'과 같은 것입니다. 크게 신경 쓰지 않으면 자신도 모르는 사이에 사라지는 통증 같은 존재라는 의미입니다. 마음의 상처라는 개념이 생겨났기 때문에 괜히 신경 쓰게 된 것이 아닐까요. 정말로 마음의 상처를 상처로 여기는지 의문이 들기도 합니다.

저는 곧잘 아버지의 죽음에 대해 얘기합니다. 아버지가 돌아가셨을 때의 아픔 때문에 인사를 잘 하지 않는 아이가 됐다는 내용입니다. 유소년기의 경험이 저를 그렇게 만들었습니다. 요즘식으로 말하자면 마음의 상처, 즉 '트라우마(Trauma. 정신적 충격, 외상 - 옮긴이)'라고 해야겠지요.

아버지에게 "안녕!"이라고 인사한 지가 얼마 되지 않았는데 잠시 후 아버지와 만날 수 없게 됐습니다. 내 인사 때문에 아버지가 돌아가신 것이 아닌가 생각했지요. 그래서 아버지가 돌아가신 후론 제가 인사를 하면 사람들이 죽는 것이 아닌가 두려웠습니다. 말도 안 되는 얘기지만 그런 심리가 제 머릿속에 자리 잡았습니다.

트라우마는 누구에게나 생기지만 그것 때문에 삶이 불가능해지지는 않습니다. 언젠가는 극복됩니다. 다른 사람이 도와 주면 훨씬 빨리 치유되겠지요. 하지만 자신의 힘으로 극복해 내지 못하면 근본적인 치유가 되지 못한다는 것이 제 경험에서 나온 결론입니다.

심리학자인 가와이 하야오(河合隼雄)는 "많은 환자들을 만나 상담해 준다. 하지만 상담의 실상은 환자의 애기를 들어주는 것일 뿐"이라고 말했습니다. 환자를 도와 스스로 문제를 발견하도록 해주는 데 불과하다는 말입니다.

그런 도움도 가와이 씨처럼 상당한 경력이 있어야 가능합니다. 타인의 마음의 상처를 치료한다는 것은 결코 간단한 일이 아닙니다. 아마추어가 나섰다간 역효과가 날 가능성이 높습니다. 프로이트가 가장 경계했던 것은 의사와 환자 사이에 사랑의 감정이 싹트는 것이었습니다. 그런 감정은 치료를 망칠 가능성이 많습니다. 결국 마음의 상처는 본인 스스로 극복하는 것이 가장 바람직합니다.

요즘 심리요법사나 카운슬러가 되려는 젊은이들이 늘었습니다. 상처 치유가 그리 어려운 작업이 아니라고 생각하기 때문일까요. 심한 상처를 입은 사람은 물론 치료가 필요합니다. 하지만 요즘은 굳이 치료받지 않아도 될 사람까지 치료받으려 합니다. 어리광을 부리는 것 같습니다.

저 역시 마음의 상처가 있었지만 그 때문에 삶을 사는 데 엄청난 어려움을 겪었던 것은 아닙니다. 물론 손해는 봤겠지만 그렇다고 부정적인 측면만 있었던 것도 아닙니다.

저는 마음의 상처를 앓으면서 비사교적이고 내성적이 됐습니다. 반면 마음의 상처 때문에 득을 본 것도 있을 것입니다. 다만 그런 이득은 당연한 것으로 여기기 때문에 제가 얻은 것이 무엇인지 깨닫지 못했을 뿐입니다.

재난과 전쟁의 PTSD

PTSD(Post Traumatic Stress Disorder. 외상후 스트레스 장애)라는 단어가 생겨난 뒤 '마음의 치유'라는 말이 유행처럼 번졌습니다.

다음과 같은 글을 읽은 적이 있습니다.

"한신(阪神) 대지진과 2차 세계 대전이 저에게 준 피해는 비슷했지만, 대지진으로 입은 마음의 상처가 더 컸습니다."

전쟁은 누군가의 탓으로 돌릴 수 있습니다. 즉 "전범인 도조 히데키 때문이다." "미국이 무자비하게 폭격했다." 하는 식으로 남을 비판할 수 있습니다. 하지만 대지진은 그 누구의 탓으로도 돌릴 수가 없습니다. 그래서 마음의 상처가 더 컸다는 것입니다. 화를 낼 대상이 없기 때문에 대지진의 상처가 마음에 남았다는 거지요.

저는 이 글에 위화감을 가졌습니다. 일본인은 고베 대지진 이전에도 수많은 지진과 화산 폭발을 경험했습니다. '자연 재해는 인간이 어찌 해볼 도리가 없는 존재이니 잊어버리는 것이 상책'이라는, 예로부터의 지혜를 배웠습니다. 만약 전쟁보다 지진으로 인한 마음의 상처가 컸다면, 전통적인 사고 방식이 바뀐 것인지도 모릅니다.

도시화와도 관계가 있습니다. 도시의 인간들은 모든 것을 남의 탓으로 돌려야 속이 풀립니다. 도시는 인간들이 만든 것이기 때문에, 일이 잘못되면 그런 결과를 초래한 인간을 찾아내 책임을 추궁해야 합니다. '흐르는 강물에 흘려 보낸다.'는 지혜를 잊은 것 같습니다. 일본인이 변하는 듯합니다.

일본인은 원래 재난에 관한 한 세계 누구보다 강했던 사람들입니다. 기록으로 남아 있는 전세계의 진도 6 이상 지진 중 10퍼센트가 일본에서 발생했습니다. 화산 폭발은 무려 20퍼센트에 달합니다. 일본의 국토 면적은 세계의 400분의 1에 불과하므로 엄청난 재난 국가인 셈입니다. 그런 땅에서 오랜 기간 살아왔기 때문에 재난에 대한 내성은 세계 제일입니다.

19세기에 일본을 방문했던 스벤손이란 덴마크 사람이 있습니다. 그는 요코하마에서 발생했던 대화재와 관련해 감탄으로 가득한 글을 남겼습니다. 마을이 홀랑 타버린 대화재 뒤 일본인들이 바로 재기에 나선 모습을 다음과 같이 묘사했습니다.

　"그들은 평소와 다름없는 밝음과 느긋함을 유지하고 있었다. 불행을 언제까지고 한탄하지 않았고 시간을 낭비하지도 않았다. 가진 것을 모두 잃었는데도 말이다."

　그는 일본인을 숙명론자라고 부를 수밖에 없을 것이라고 결론지었습니다. 전에는 대지진이나 대화재가 일어나도 바로 힘차게 일어났던 것 같습니다. 그것이 외국인에겐 기이하게 보였겠지요. 그리고 보니 요즘 일본인은 외국인을 닮아 가는 것 같습니다.

페로몬과 기피 물질

　'이 세상 모든 것이 나의 적'이라고 생각하는 사람들이 있습니다. 그런 사람들이 최근 끔찍한 사건을 일으키고 있습니다. 대표적인 예가 초등학교 난입 살인 사건입니다. 자신과 무관한 어린 학생들을 칼로 찔러 살해했습니다.

그런 흉악범 수준은 아니지만, 별 이유 없이 곧잘 화를 내거나 초조해하는 사람이 늘었습니다. 시골에 가면 그런 사람들이 상대적으로 적습니다. 사람들 간의 접촉이 도시만큼 빈번하지 않은 것이 한 이유입니다. 사람들과의 거리가 좁아지면 초조감은 높아집니다.

사람들이 서로에게 기피 물질을 분비할 가능성이 있습니다. 인간이 많이 모이면 실제로 고약한 냄새가 납니다. 몸이 "당신, 꺼져."라는 신호를 보냅니다. 인간의 코는 성능이 좋지 않기 때문에 알아차리지 못할 뿐입니다. 이 물질은 페로몬과 반대되는 작용을 합니다.

동물을 두려워하는 사람일수록 동물의 공격을 받을 가능성이 높은 것은 왜일까요. 그런 사람일수록 동물을 쫓아내는 물질을 강하게 분비하기 때문입니다. 당연히 동물은 기분 나쁜 물질을 분비한 그 인간을 공격하게 됩니다. 동물을 두려워하지 않는 사람은 그런 물질을 분비하지 않기 때문에 동물의 미움을 사지 않습니다. 어린이가 코끼리 곁에 다가가도 안전한 것은, 어린이에게서 나쁜 물질이 분비되지 않으므로 코끼리가 위험을 느끼지 않기 때문입니다.

사람을 우습게 보고 달려드는 개도 있습니다. 하지만 개가 달려드는 원인이 악취 나는 분비물인 경우도 있습니다. 요즘 개들은 스트레스를 많이 받기 때문에 우습게 보이지도 않고 분비물을 배출하지 않았는데도 공격하는 경우가 물론 있습니다.

인간이 페로몬의 영향을 받는다는 사실이 밝혀진 것은 비교적 최근의 일입니다. 하지만 그런 사실은 과거부터 어렴풋이 알려져 있었습니다. 예를 들어 같은 기숙사에 사는 여학생들의 생리 주기가 같아지는 경우가 있습니다. 다른 여학생의 냄새에 몸이 자동적으로 반응하는 것으로 추정됩니다.

동물도 유사한 경우가 있습니다. 임신 하루나 이틀째인 생쥐 곁에, 임신시킨 수컷이 아닌 다른 수컷을 넣으면 그렇습니다. 다른 수컷이 아무런 위협을 가하지 않아도 그렇습니다. 이 역시 페로몬 분비 때문인 것으로 알려져 있습니다. 그 증거로 페로몬을 감지하는 콧속 후각 기관을 마비시키면 유산하지 않습니다.

좋고 싫음을 결정하는 변연계

냄새를 맡는 기관은 코뿐이 아닙니다. 다른 후각 기관, 즉 '제이콥슨 기관'이란 것이 있습니다. 두 갈래로 갈라진 뱀의 혀는 냄새와는 다른 정보를 제이콥슨 기관에 전달합니다. 뱀은 그런 식으로 혀 앞에 있는 물질의 냄새를 맡습니다.

인간은 입과 코 사이에 구개(口蓋)라는 칸막이가 있습니다. 태아 때 생겨난 것으로, 보통 포유류 이외의 동물에게는 없습니다. 뱀은 구개가 없기 때문에 입 속으로 말려들어간 혀가 제이콥슨 기관까지 들어가는 것입니다. 인간은 코의 중격(中隔) 앞부분에 있는 제이콥슨 기관으로 페르몬을 감지할 가능성이 있습니다.

인간의 후각은 성능이 매우 떨어집니다. 보고 듣고 만지는 감각, 즉 시각·청각·촉각은 말단에서 입력된 정보가 모두 대뇌 신피질(新皮質)로 들어갑니다. 그러나 냄새를 맡고 맛을 보는 후각과 미각은 감지한 것의 절반만 전달됩니다. 즉 후각과 미각은 입력된 것의 절반만 대뇌 신피질에 도달하는 것입니다. 나머지 절반은 코나 혀에서 변연계(邊緣系)라 불리는 오래 된 피질로 들어갑니다.

언어는 대뇌 신피질의 기능입니다. 냄새와 맛을 표현하는 단어가 부족한 것은 이 때문입니다. 즉, 냄새와 맛의 정보의 절반만이 대뇌 신피질로 들어가기 때문입니다.

후각과 미각은 그 자체로는 언어를 구성할 수 없습니다. 예를 들어 향수라는 단어는 있지만 향수로 언어적 내용을 전달할 수는 없습니다. 이 냄새는 '좋고' 저 냄새는 '나쁘다'는 식으로 표현할 수밖에 없습니다. 시각에는 문자가 있고, 청각에는 음성이 있으며, 촉각에는 점자가 있습니다. 하지만 미각과 후각에는 그런 언어 매체가 존재하지 않습니다.

후각과 관련된 멋진 표현도 드뭅니다. 이건 장미 같다, 비누 같다는 식으로 무언가와 비교하거나 비유해야 합니다. 그 자체로 단어가 만들어지지 않습니다.

후각 기관이 보내는 정보의 절반이 입력되는 변연계는 정조(情操) 및 감정의 중추입니다. 좋고 싫음을 결정하는 부분입니다. 기억을 관장하는 해마(海馬)도 변연계입니다.

변연계라고 부르는 이유는 대뇌 피질을 한 장의 막(膜)이라고 생각했을 때 그 가장자리에 있기 때문입니다. 즉 주변에 남아 있는 것이 변연계입니다. 변연계보다 안쪽에 있는 부분이 클수록 영리한 존재가 됩니다. 인간에 가까워집니다.

연쇄 살인범의 뇌

변연계 안에 있는 편도체(扁桃體)란 부위는 '이 음식을 먹을지 말지', 혹은 '저 책을 살지 말지' 등 어떤 사안에 대한 호불호를 결정하는 곳입니다. 편도체는 사람의 윤리관 형성에 큰 영향을 미칩니다.

연쇄 살인범은 보통 사람보다 편도체가 매우 활성화돼 있는 경우가 많습니다. 즉 어떤 사안에 대한 호불호가 강합니다. 초등학교에 난입해 칼을 휘두른 범인도 편도체가 보통 사람보다 활발히 작용했을 겁니다. 뇌의 활동 자체가 보통 사람과는 크게 다릅니다.

저는 그들의 뇌를 철저히 조사해야 한다고 생각합니다. 이에 대해서는 전에 나온 책, 『바보의 벽』에서 거듭 설명했습니다.

일부 사람들은 이러한 저의 주장에 화를 내곤 합니다. 하지만 그런 뇌 구조를 가지고 태어났으니 형을 감해 주자는 말은 아닙니다. 그들의 뇌 구조를 미리 조사해 장래의 불행을 사전에 막아 보자는 것입니다.

그들을 말살시키자는 주장은 더더욱 아닙니다. 사범들은 무술을 가르칠 때 "싸움질이나 하려면 배우지 마라."고 신신당부합니다. 마찬가지로 그런 뇌를 가진 사람에겐, "당신은 이러저러한 경향이 있으니 주의하세요. 위험합니다. 폭력을 행사하면 안 됩니다."라고 가르쳐 주자는 겁니다.

'뇌 조사를 통해 사람을 선별해 버리자는 위험한 주장'이라고 생각할 수도 있습니다. 하지만 의사들은 부모 중에 암환자가 있으면 자녀에게 "선생 집안은 암 유전자가 있으니 주의하세요."라고 경고합니다. 부모에게 당뇨병이 있으면 그 자녀에게 "당뇨병 가능성이 있으니 지방을 피하라."고도 합니다. 하지만 이런 경고가 암이나 당뇨병 예비군에 대한 인권 침해라고 생각하는 사람은 없지 않습니까.

뇌가 특별한 존재라고 생각하기 때문에 뇌에 관해 뭐라 한 마디 하면 차별적인 주장이라고 비판합니다. 하지만 제 주장은 매년 건강 검진을 받으라는 말과 하나도 다를 바 없습니다. 사람들은 곧잘 뇌와 그 외의 신체를 구별하려 합니다. 뇌를 언급하면 "신성한 존재를 건들지 말라."는 반응을 보입니다. 터부시하는 거지요.

대학은 성적이 좋은 학생들을 끌어모으려 합니다. 하지만 성적순으로 뽑는다고 해서 차별이라고 비판하는 사람은 없습니다.

10

인간관계의 문제

매사에 원칙을 가져야 합니다. 예를 들어 어려운 처지에 있는 친척이 빈번히 돈을 빌려 달라고 부탁한다고 합시다. 어떻게 해야 할까요. 그럴 때도 구체적인 원칙을 가지고 있으면 됩니다. 즉 '100만 원까지는 버리는 셈 치고 빌려 준다.'는 원칙을 세웁니다. 이렇게 원칙을 정해 두면 흔들림이 없습니다. 만약 빌려 준 돈이 100만 원이 넘었는데 또 빌려 달라고 하면 "애당초 100만 원까지만 빌려 주기로 원칙을 정해 두었다"고 거절하면 되는 것입니다. '더는 빌려 줄 수 없다.'는 단 한 마디로 문제가 해결됩니다. 밀착하지도, 그렇다고 외면하지도 않기 위해선 자신이 직접 원칙을 만들어야 합니다.

포기하지 못하는 사람들

뇌는 정상인데 왠지 마음이 초조할 때가 있는데, 모든 것을 남의 탓으로만 돌리려는 태도가 원인일 경우가 많습니다.

타인에게 책임을 돌리려는 경향은 도시가 강합니다. 그래서 소송이 많습니다. 시골에서는 길을 걷다가 돌부리에 걸려 넘어지면 '조심성이 없다.'고 꾸중을 듣습니다. 하지만 거대 도시에서 돌에 걸려 넘어지면 소송을 하게 됩니다.

도시에는 사람이 만든 것만 존재하기 때문에 불쾌한 일이 발생하면 타인을 탓하게 됩니다. 대지진을 남의 탓으로 돌리지 못했기 때문에 마음의 상처가 남았다는 것이 전형적인 예입니다. 시골에선 돌부리에 걸려 넘어져도 자연 속에서 일어난 일이기 때문에 포기하게 됩니다. 그리고 마음이 편해집니다. 하지만 도시가 생겨나면서 포기하는 자세가 사라졌습니다.

그런 경향이 은퇴를 거부하는 고령자를 낳았습니다. 포기하지 않기 때문에 나이를 먹어도 은퇴하지 않습니다. 영원히 현역으로 남겠다는, 멍청한 생각을 하는 사람이 늘었습니다. 전에는 멋있게 물러나 온화하게 명예직을 즐기곤 했는데 말입니다.

노후 생활을 즐겨라

초조함에서 벗어나려면 물러나면 됩니다. 하지만 연장자에게 "나이 드셨으니 은퇴하시라."고 말하기는 쉽지 않습니다. 그래서 필요한 것이 '노인 문화' 창출입니다.

19세기 초까지만 해도 '은거(隱居)'라는 제도가 제대로 기능을 했습니다. 은거 문화 덕분에 연장자들이 원활히 은퇴했던 겁니다.

지금도 정년제는 있지만 과거만큼 잘 굴러가는 것 같지는 않습니다. 고령자가 '영원히, 활발하게' 일하는 것이 좋은 것인 양 생각하는 풍조가 있기 때문입니다. 하지만 노인은 활발하게 사는 것보다는, 초조해하지 않으면서 온화하게 사는 편이 좋습니다. 이제는 고령자의 원만한 은퇴, 즐거운 노후 생활을 생각할 때입니다.

나이 들어 일해도 좋은 부류는, 개인적으로 일하는 사람들입니다. 인간 문화재가 거기에 해당합니다. 100살을 넘겨 활동해도 누구 하나 불만을 제기하는 사람이 없습니다. 사람과 경쟁하는 것이 아니라 물건을 상대하기 때문에 다른 사람에겐 피해가 가지 않습니다. 만약 평생 일하고 싶다면 그런 직종을 찾아내거나 기술을 습득해야 합니다.

제 어머니는 90세를 넘겨서까지 의사로 활동했습니다. 고령자의 의료 행위는 위험해 보입니다. 하지만 어머니가 나이 든 뒤 펼친 의료 행위는, 평소 잘 아는 환자의 말동무가 돼 주는 것이었습니다. 마음의 상처를 치유해 주는 것이었지요.

기술이 아무리 뛰어나도 개업의는 나이가 많아지면 은퇴해야 합니다. 어머니가 70세를 맞았을 때 은퇴를 권유하려 했습니다. 하지만 같이 일하는 여의사가 있기 때문에 생각을 바꿨습니다.

"요로 선생의 어머님은 연세를 드셨는데도 건강하게 의사 선생님을 하고 계신다지요? 대단하세요."란 말을 곧잘 들었습니다. 그 때마다 "건강한 환자가 찾는답니다."라고 되받아쳤습니다.

어머니는 95세로 별세할 때까지 환자를 돌봤습니다. 환자들도 모두 고령자였고, 치료 행위는 없었습니다. 대화만 했습니다. 의료 상담과 비슷한 것이었습니다. 개인 병원이어서 가능한 일이었지요. 큰 병원의 최고참 의사가 90세를 넘겨서까지 근무하거나, 비틀거리며 수술실에 나타난다면 난리가 날 겁니다.

초조해하는 사람을 대하는 법

초조해하는 사람은 도처에 있습니다. 도쿄 대학에도 있었습니다. 그런 사람을 대하는 방법은 그와 너무 밀착하지도, 그렇다고 완전히 거리를 두며 외면하지도 않는, 즉 중용을 취하는 것입니다. 너무 밀착하면 그들의 세계에 빨려들어갑니다. 상대가 당신을 의지하려 들기도 합니다. 동정해서도 안 됩니다.

반대로 너무 거리를 둬도 좋지 않습니다. 자포자기해 버리기 때문입니다. 물론 적절한 거리를 유지하는 것이 쉬운 일은 아닙니다.

그런 사람들은 자신의 세력을 확대하려 합니다. 이를 최소한으로 억제하는 것이 가장 어렵습니다. 사람들은 그런 부류에 대해 곧잘 도미노 이론을 적용하려 합니다.

"성가신 사람에게 한번 양보하면 계속 어리광부리며 양보를 강요할 것이다. 한번 양보해 주면 도미노처럼 전체가 무너지고 만다. 처음부터 강경하게 나가야 한다."

하지만 마지막 도미노까지 모조리 쓰러지는 경우는 적습니다.

"그런 사람과 사귀어도 말썽이 생기지 않을 거라고 보장할 수 있느냐."고 묻는 사람도 있습니다. 물론 못합니다. 그런 사람은 근본적인 치료가 불가능하기 때문입니다.

여러분이 그들의 동반자가 돼 주겠다고 결심한다는 것은, 여러분의 인생 모두를 그들을 위해 쏟아붓겠다는 것을 의미합니다. 하지만 그들 때문에 여러분이 피해를 봐서는 안 됩니다. 그 점이 가장 중요합니다. 어설픈 친절을 베풀어선 안 된다는 것이 제 경험에서 얻은 결론입니다.

포지티브 피드백

저는 팬레터에 답장을 보내지 않습니다. 내용이 의심쩍어 보이는 것은 아예 읽지도 않습니다.

프랑스 철학자, 알랭(Alain)은 "나는 점을 보지 않는다. 왜냐하면 믿어 버리기 때문"이라고 했습니다. 점을 믿지 않는 사람도 '오늘의 운세'를 읽으면 다소나마 신경을 쓰게 됩니다. 따라서 영향을 받지 않으려면 읽지 말고 듣지 말아야 합니다.

팬레터도 마찬가지입니다. 영향을 받게 됩니다. 아무리 생각하지 않으려 해도 머리 한 구석에서는 팬레터의 내용이 떠나질 않고, 업무에 지장을 주게 됩니다.

그래서 제 책에서 잘못된 곳이나 마음에 들지 않는 내용이 있다면 "먹으로 검게 칠해 버리라."고 말합니다. 마음에 안 들면 지워 버리면 됩니다. 저는 초등학교 2학년 때부터 교과서를 먹으로 칠하곤 했습니다.

이런 일이 허용되지 않는다면 언론의 자유 따윈 성립하지 못합니다. 저는 공개적인 방식으로 글을 발표하고 있습니다. 상대가 공개적인 장소에서 반박한다면 공개적으로 답변할 의사가 있습니다. 하지만 공개적으로 발표하는 책에 대해 편지라는 사적인 방식으로 반박하는 것은 이해하기 힘듭니다.

답장을 보내면 대개 한 번으로 끝나지 않습니다. 「신(神)의 존재의 과학적 증명」이란 팸플릿을 보내 온 사람이 있었습니다. 저는 '과학적으로 증명된 신 따위는 의미가 없다.'는 식의 답장을 보냈습니다. 그런 신이라면 재미있지도 흥미롭지도 않다는 내용이었습니다.

그러자 상대는 이전 것보다 4배나 큰 팸플릿을 보내 왔습니다. 이번에는 답장을 보내지 않았습니다. '포지티브 피드백'이 될 가능성이 있기 때문입니다. 포지티브 피드백이란 어떤 일을 하면 좀더 큰 것이 돌아오고, 이에 대해 다시 반응하면 또다시 더 커다란 것이 돌아오는 식으로 사안이 눈덩이처럼 커지는 것을 말합니다. 여기서의 포지티브란 단어에는 긍정적인 의미가 없습니다.

어떤 것이 의심쩍은 편지인지는 두께를 보면 알 수 있습니다. 자신과 아무 관계가 없는 사람에게 두꺼운 편지를 보낸다는 것 자체가 정상이 아니기 때문입니다. 반면 편지 두께가 얇으면 내용이 궁금해집니다. '비정상적인' 전화를 받으면 하루 종일 일할 의욕을 잃는 경우도 있습니다. 젊을 때는 민감했기 때문에 특히 그랬습니다.

마음에 들지 않으면 바로 전화를 걸어 항의하는 사람이 있습니다. 그런 나쁜 습관을 심어 준 것이 NHK 방송이라고 생각합니다. 그들이 "무슨 일이든 좋으니 전화 주십시오."라고 홍보한 것이 원죄입니다.

NHK에는 한가한 사람들이 많기 때문에 전화 당번을 정해서 시청자의 불만 전화를 담당하게 할 수 있겠지만 저는 혼자서 모든 일을 처리해야 하니 보통 골치 아픈 일이 아닙니다.

TV에 출연해 "해부는 재미있다."고 하자 "말도 안 되는 소리 지껄이지 말라."는 항의 전화가 왔습니다. 저도 "웃기지 말라."고 고함친 뒤 전화를 끊어 버렸습니다. 상대를 혼내 줘서 속 시원할 것 같았지만, 사실은 쓸데없는 데 힘을 낭비했으니 손해를 봤다고 할 수 있습니다. 발생해서는 안 될 문제를 말끔히 처리해 봤자 얻는 결과는 에너지 낭비일 뿐입니다. 속 시원해야 할 이유가 없습니다.

원칙이 있으면 흔들림이 없다

시체는 살아 있는 사람 대하듯 다뤄야 한다는 것이 제 나름의 결론입니다. 그 이상도 이하도 아닙니다. 환자를 대하는 것과 똑같이 대하면 됩니다.

그런 원칙이 정해지자 어떤 불만에도 대처할 수 있게 됐습니다. 원칙이 없다면 프로가 아닙니다. 시체에 대해 철저히 고민한 끝에 얻은 결론은 '시체도 인간'이란 것이었습니다. 그런 원칙이 없다면 시체를 살아 있는 인간 이상으로 엄청나게 소중히 다루게 될 수도 있습니다. 당연히 시체 해부는 불가능합니다.

시체도 살아 있는 환자와 같다고 생각한다면 유족, 살아 있는 환자 가족, 그리고 시체를 대하는 것이 다르지 않다는 사실을 알게 됩니다. 원칙을 세우면 모든 문제에 대한 결론이 바로 나옵니다.

죽은 사람은 살아 있는 인간과는 다른, 뭔가 특별한 존재라고 생각하게 되면 시신 처리나 해부가 힘들어집니다. 하지만 나름의 원칙 아래 결론을 얻게 되면 '전에는 왜 그런 당연한 일도 생각하질 못했을까.'라고 무릎을 치게 되지요. 그런 결론은 최선을 다해 일에 매달리지 않으면 얻지 못합니다.

매사에 원칙을 가져야 합니다. 예를 들어 어려운 처지에 있는 친척이 빈번히 돈을 빌려 달라고 부탁한다고 합시다. 어떻게 해야 할까요. 그럴 때도 구체적인 원칙을 가지고 있으면 됩니다. 즉 '100만 원까지는 버리는 셈 치고 빌려 준다.'는 원칙을 세웁니다. 이렇게 원칙을 정해 두면 흔들림이 없습니다. 만약 빌려 준 돈이 100만 원이 넘었는데 또 빌려 달라고 하면 "애당초 100만 원까지만 빌려 주기로 원칙을 정해 두었다."고 거절하면 되는 것입니다. '더는 빌려 줄 수 없다.'는 단 한 마디로 문제가 해결됩니다.

밀착하지도, 그렇다고 외면하지도 않기 위해선 자신이 직접 원칙을 만들어야 합니다. 자기 자신이 제대로 서 있지 않으면 그런 행동은 불가능합니다. 올바르게 행동한다는 것은 원칙을 만드는 일입니다. 그것이 윤리, 그리고 직업 윤리입니다.

직업 윤리가 필요하다

언젠가 한 카메라맨이 시체 해부 장면을 취재하러 왔습니다. 촬영 뒤 그는 "찍은 장면을 공개해도 되겠느냐."고 물었습니다. 그래서 제가 "유족들이 항의할 수도 있다."고 말해 주자 "그러면 회사 분들과 상의해 보겠다."고 했습니다. 그에게 말해 주었습니다.

"카메라로 밥을 먹는 사람이 자신이 찍은 사진을 어떻게 어떤 식으로 공개할지 정도의 원칙은 갖고 있어야 되지 않느냐. 그런 원칙도 없다면 프로가 아니다. 사진을 다 찍어 놓고 다른 사람에게 공개할지 말지를 묻는다면 어찌 프로라 할 수 있겠느냐."

결국 그 사진은 공개되지 않았습니다. 그는 "공개해도 된다."며 제가 등을 떠밀어 주길 바랐겠지요. 사진 전문 학교에서는 왜 그런 윤리를 가르치지 않는지, 저는 의아했습니다.

직업 윤리가 경시되고 있습니다. 전에는 묵묵히 계승돼 왔습니다. 계승도 '봉건적'이라고 비판받을 수 있겠지요.

민주 사회가 된 뒤 그런 윤리의 계승이 끊어졌습니다. 그래서 의사의 윤리조차 외부 인사들이 만들어 줍니다. 이 역시 이해하지 못할 일입니다. 의사회는 자신들의 힘으로 직업 윤리를 정해야 합니다. 의사로서 해서는 안 되는 일이 무엇인지 정도는 의사들이 결정해야 합니다. 하지만 의사회는 의사의 윤리를 다루지 않습니다. 장기 이식과 관련된 문제도 당연히 의사회가 결정해야 합니다. 윤리가 행동의 규범이라면 직업 윤리는 일종의 매뉴얼입니다.

시체를 어떻게 다뤄야 할지 깊이 고민했던 의사라면 '살아 있는 사람과 동등하게 대해야 한다.'는 제 발언이 큰 도움이 됐을 것입니다. 고민조차 안 했다면 아무런 감흥이 없겠지요. 원칙을 갖는다는 것, 직업 윤리를 갖는다는 것은 매우 중요한 일입니다.

11

시스템의 문제

시스템 속에서 인과 관계를 파악해 내는 것은 매우 어려운 작업입니다. 예를 들어 '인터넷' 때문에 범죄가 늘어난다는 주장이 있습니다. 인터넷이 범죄의 도구로 사용된다는 것은 분명한 사실입니다. 인터넷이 없었다면 인터넷을 이용한 범죄는 일어나지 않았을 겁니다. 중세에는 당연히 그런 범죄가 없었습니다. 하지만 중세에는 중세 나름의 범죄가 있었습니다. 칼로 사람을 죽이는 사건도 지금보다 많았겠죠. 이것이 시스템의 골치 아픈 부분입니다.

일본어는 '읽기' 중심의 언어

사람들이 계속 활자(活字)에서 멀어진다고 합니다. 그런 위기 의식 속에 제정된 것이 '문자-활자 문화 진흥법'입니다. 저도 작업에 참여했지만 효과가 있을 것 같지는 않습니다.

책을 읽으면 뇌가 활성화된다고 합니다. 책을 읽는 것이 나쁜 일은 아니지만 뇌의 활성화에 도움을 주기 위해 독서를 한다는 것은 앞뒤가 바뀐 것 아닐까요.

일본어는 '읽기 중심' 언어입니다. 이는 뇌의 활동을 보면 명확합니다. 일본인의 뇌에는 '히라가나'와 한자를 읽는 부분이 별도로 있습니다. 글을 읽을 때는 뇌를 다른 나라 국민의 2배 정도 사용합니다. 서양처럼 변론에 무게를 두지 않습니다. 입에서 나오는 말보다 문자 언어의 비중이 매우 큽니다. 그래서 활자 문화가 사라지는 일은 없으리라 봅니다.

일본어를 사용하는 한 문자에 의지해야 합니다. 음으로 '코쿠'라고 하면 고공(高空)인지 항공(航空)인지, 아니면 구강 외과의 구강(口腔)인지 구별이 되지 않습니다. 음(音)이 같기 때문입니다. 이런 동음 이의어가 엄청나게 많기 때문에 일본어는 문자가 전제가 돼야 합니다.

러시아어 통역사이자 수필가인 요네하라 마리(米原万里)는 체험적으로 이런 일본어의 특성을 잘 알고 있습니다. 그녀의 직업은 일본어 문장을 읽고 러시아어로 통역하는 것과, 러시아 문장을 읽고 일본어로 말하는 것 두 가지를 요구합니다. 이 두 작업을 비교하면 일본어 문장을 읽고 러시아어로 통역하는 것이 7~8배 빠르다고 합니다. 일본어는 읽기가 전제가 되는 언어이기 때문에 당연히 빨리 읽을 수 있는 것입니다.

일본어 글을 읽을 때는 일본어에 적합한 뇌를 사용합니다. 반대로 러시아어를 일본어로 옮길 때는 상대적으로 고생합니다. 뇌의 기능이란 측면에서 생각하면 일본인이 활자에서 멀어졌다는 것은 매우 기묘한 현상임을 알 수 있습니다. 기묘하다는 말은, 그런 일은 일어나기 힘들다는 뜻입니다.

인터넷과 문화

인터넷 메일이나 휴대 전화 문자의 사용 시간이 급속히 늘어났습니다. 인터넷도 읽는 매체이므로 활자 미디어의 일종입니다.

TV는 물론 활자 미디어가 아닙니다. 그런데 요즘 방송은 엄청난 양의 문자를 사용합니다. 출연자의 발언 내용이 바로 자막으로 나오기도 합니다. 문자 중독입니다.

이런 점을 보면 과연 문자 사용이 줄었는지 의문이 듭니다. 실제 문자 사용이 감소했는지 실증적으로 조사한 자료도 없습니다. 그래 놓고 활자 문화를 진흥시킨다고 하니 이해하기 힘듭니다.

글을 읽으면 뇌를 많이 사용하게 됩니다. 하지만 인터넷으로도 활성화될 가능성이 높습니다. 인터넷을 부정적으로 보는 것은 전자 출판을 부정적으로 보는 것과 마찬가지입니다. 결국 활자의 위기가 아니라 '종이'의 위기인 것입니다.

메일이나 휴대 전화, 인터넷이 언어를 어떻게 바꿨는지는 아직 확실한 결론이 나오지 않았습니다. 10~20년 정도 기다려야겠지요.

인터넷은 분명 큰 영향을 미치고 있습니다. 제 딸이나 비서는 뭔가 궁금한 것이 있으면 바로 인터넷으로 조사합니다. 이렇게 빈번히 사용하는데 아무런 영향을 받지 않을 까닭이 없습니다. 다만 새로운 것에 대한 단순한 알레르기 반응이나, 인터넷이 문화를 파괴한다는 식으로 생각하는 것은 단편적입니다. 인터넷이나 메일은 그 어느 나라 문화에서건 새로운 것입니다. 미국인에게도 인터넷과 메일은 새로운 존재입니다.

처음부터 부정적으로 생각하지 말고, 새로운 발명품이 문화에 어떤 영향을 주는지 차분히 생각해 가야 합니다. 그러면 다시 '문화란 무엇이냐.'라는 문제에 부딪히게 됩니다. 예를 들어 만화는 문화에 포함되는지, TV도 문화인지 등등 다양한 문제점이 드러나게 됩니다.

생활, 사고 방식, 수용 방식에 대한 검토도 있어야 합니다. 인터넷 등장 이전에도 이런 조사는 실시되지 않았습니다. 실증적 데이터가 절실히 부족합니다.

TV의 영향

『바보의 벽』에서도 언급했지만, NHK 방송이 착수한 'TV가 어린이에게 미치는 영향' 연구는 그런 의미에서 중요합니다. 사실 생활 필수품인 TV에 대해 그간 이런 연구조차 없었다는 것은 비정상입니다.

TV가 등장한 지 이미 50년이 지났습니다. 'TV의 영향'이란 말을 들으면, 흔히 저속하거나 폭력적인 프로그램이 떠오릅니다. 하지만 실증적인 자료도 없고 기초 연구도 없었습니다. 이런 상황에서 '나쁘다'는 말만 늘어놓아 봤자 과학적 실증이 아닌, 현상에 대한 막연한 느낌을 말하는 것에 불과합니다.

실증적인 조사를 하면 무엇을 알게 될까요. 우선 연구에는 막대한 돈과 노력이 필요하며 보통 어려운 일이 아니라는 사실을 알게 됩니다.

'TV의 영향' 연구는 일종의 사회 시스템에 관한 연구입니다. 시스템을 제대로 연구한다는 것은 엄청나게 도전적인 과업입니다. 데이터 수집 작업을 시작한 순간 연구와 관련된 요소가 매우 방대하다는 사실을 깨닫게 됩니다. '연구'라는 명칭 때문에 거창한 작업처럼 보이지만, 어린이가 있는 가정에서 'TV를 몇 시간 보느냐.' '어떤 프로그램을 보느냐.'에서 시작해 갖가지 생활 습관 등을 자세히 지속적으로 물어 보는 단순 작업입니다. 장기간 특정 어린이를 정해 놓고 조사합니다.

사람들은 많은 돈과 노력이 들어가는 연구 조사이므로 반드시 그럴듯한 결론이 나와야 한다고 생각합니다. 즉 TV를 보는 어린이와 그렇지 않은 어린이 사이에 통계적으로 의미 있는 차이를 발견해 내야 한다고 여깁니다.

그런 지적이 나왔을 때 저는 마침 토론장에 있었고, 반론을 제기했습니다.

"맞는 말씀이지만 잊지 말아야 할 것이 있습니다. 이렇게 많은 돈과 노력을 들여 연구해도 결론이 나오지 않을 수 있다는 점을 알게 되는 것 자체가 매우 중요하다는 사실입니다."

예를 들어 폭력적인 프로그램에 대한 찬반을 테마로 잡아 조사하는 경우를 생각해 봅시다. 이 때에는 프로그램과 어린이의 행동 사이에 인과 관계를 발견할 수 있다는 전제를 깔고 있습니다. 하지만 그런 전제가 있으면 대개 '악영향을 미친다.'는 결론이 나오게 됩니다. 폭력적인 프로그램을 본 아이가 건강하고 선량하게 성장한다는 결론은 나오지 않을 것입니다.

하지만 조사를 해봐도 명쾌한 결론이 나오지 않을 수 있다는 사실을 알게 된다는 것 자체도 매우 소중합니다. 시스템에서 인과 관계라는 것은 그리 간단히 증명되는 것이 아닙니다.

"현실은 이론보다 복잡하다"
— 카오스(Chaos) 이론

'잘 모른다.'는 것은, 역으로 생각하면 '잘 알게 됐다.'는 사실을 의미하기도 합니다. 말도 안 되는 소리라고 생각할 수 있습니다. 하지만 과학 이론의 세계에서 '카오스 이론'이 이런 사고 방식에 가깝습니다.

카오스 이론은 『복잡계』란 책이 출간된 것을 계기로 한때 붐이 됐습니다. 카오스 이론을 날씨를 예로 들어 설명하겠습니다.

기상학이 발달하면서 날씨를 물리나 수학적으로 예측할 수 있게 됐습니다. 기상과 관련된 물리 공식에는 정수가 들어 있습니다. 극도로 단순화하자면 이런 공식이 됩니다.

내일 날씨 = (오늘의 기온 × A) + (오늘의 기압 × B) + (오늘의 풍속 × C)

A, B, C는 정수, 즉 이미 결정돼 있는 숫자입니다. 이 공식에 기온, 기압, 풍속 자료를 넣으면 내일의 날씨가 나옵니다. 날씨는 물리 현상의 한 종류이기 때문에 이론상 이런 방정식을 만들 수 있습니다.

하지만 이내 문제점이 드러났습니다. 기압을 측정해 보니 1,083헥토파스칼로 나왔습니다. 그런데 좀더 세밀히 데이터를 분석해 보니 1,083이 아니라 1,083.23 등 소수점 이하의 숫자가 있는 것이었습니다. 문제는 소수점 이하의 수치를 공식에 넣느냐 안 넣느냐에 따라 결론이 바뀐다는 사실입니다. '쾌청'이 '폭우'로 바뀌기도 합니다. 이래 가지곤 예측에 도움을 주는 공식이라 할 수 없습니다.

기압의 소수점 이하 수치는 측정 장소에 따라 달라지기도 합니다. 현실적으로 완벽한 데이터란 없기 때문에, 소수점 몇 자리부터는 무시해야 합니다. 이는 우리들이 이론으로 생각하는 것과 실제 세계와의 모순을 보여 주는 것입니다. 머릿속보다 실제 세계가 훨씬 복잡합니다. 그래서 공식이 이론적으론 완벽에 가깝더라도 사용할 수 없는 경우가 생깁니다. 완벽한 공식이나 이론에도 이런 문제가 있다는 것을 밝혀낸 것이 카오스 이론의 최대 공적입니다.

"기준에 따라 다르다" – 프랙털(Fractal) 이론

수학의 '프랙털 이론'도 유사한 문제점을 밝혀냈습니다. 자연을 완벽히 파악하는 것은 어렵지만, 수학 분야라면 정확한 해답을 구할 수 있을 것이라고 생각하는 분들이 많을 것입니다. 하지만 그렇지 않습니다.

만델브로(Mandelbrot)라는 수학자는 에스파냐와 포르투갈의 국경선 길이를 예로 들었습니다. 그의 결론은 '국경선 길이는 측정할 수 없다.'는 것이었습니다. 국경선 길이를 측정하지 못한다는 것이 말이 되느냐고 항변하실 분들이 많을 겁니다. 하지만 실제 에스파냐와 포르투갈이 주장하는 국경선 길이는 각각 다릅니다. 왜 그런 결과가 나올까요. 측정하는 '기준'이 다르기 때문입니다.

　에스파냐는 국토가 넓고, 포르투갈은 상대적으로 좁습니다. 두 나라가 국경선을 측량할 때, 지도상의 자국 국경선을 실(=絲)로 측정한다고 합시다. 지도는 나라마다 대개 비슷한 크기의 것을 사용합니다. 포르투갈은 국토 면적이 상대적으로 좁기 때문에 축척이 큰 지도, 즉 에스파냐보다는 모든 길이 크고 자세히 나온 지도를 사용합니다. 반대로 에스파냐는 같은 크기의 지도에 넓은 국토를 표기해야 하므로 축척이 작아집니다. 즉 포르투갈은 좀더 세밀한 지도 제작이 가능하고, 에스파냐는 세밀한 부분이 생략되는 경우가 생깁니다. 에스파냐의 지도는 세밀한 굴곡이 생략되므로 지도를 통해 국경선 길이를 재면 포르투갈보다는 짧게 나오게 됩니다.

　지도가 아닌 실제로 측량할 경우에도 유사한 문제가 발생합니다. 측정할 때 사용하는 줄자가 1m인 경우와 10m인 경우는 결과가 달라집니다. 이론적으로 줄자 길이가 짧을수록 측정거리가 길게 나옵니다. 극단적으로 말하자면 1m가 3m로 측정될 수도 있습니다. 어떤 줄자를 사용하느냐에 따라 어느 정도 차이가 생기는지는 수학적으로 알 수 있습니다.

카오스 이론이나 프랙털 이론의 핵심은, 사람들이 확실한 진실이라고 믿어온 것들이 사실은 측정하는 기구, 즉 기준에 따라 변할 수 있다는 사실입니다.

"아무것도 알 수 없다" – 안티 객관주의

복잡계가 등장했던 시점에 카오스 이론 등이 수학의 세계에도 소개됐습니다. 전에는 과학적·수학적으로 정확한 길이가 존재한다는 생각이 대세였습니다. 그런데 과학적이어야 할 과학자나 수학자들이 '정답은 존재하지 않는다.'고 말하기 시작한 것입니다. 이 부분이 흥미롭습니다.

"결과는 기준에 따라 달라진다. 그러니 중요한 것은 어떤 기준을 사용하는가이다."

결과를 좌우하는 것은 '규칙'이라는 주장입니다. 에스파냐와 포르투갈 국경선 길이에 정답이 있는 것이 아닙니다. 양국은 측정 방식이나 규칙에 합의할 수도 있습니다. 하지만 합의를 통해 나온 수치 역시 완벽한 정답은 아닙니다.

과학계는 이러한 사실을 공개적으로 밝히길 꺼려했습니다.

학문, 특히 과학계는 객관적인 전제 위에서 객관적 진실을 밝혀낼 수 있다는 논리를 펴왔기 때문입니다. 하지만 현실은 그렇지 않은 것 같습니다.

단순한 거리 측량에서조차 객관적인 정답이 존재하지 않습니다. 이를 '안티 객관주의'라고 해도 좋을 것입니다. 카오스 이론이나 프랙털 이론이 거기에 해당됩니다.

사람들은 과학적 결론이 존재하며, 정답이 있다고 생각합니다. 하지만 그런 생각은 이미 시대 착오적이라고 뛰어난 과학자들이 말하기 시작했습니다.

사회 문제에 대해서도 같은 얘기를 할 수 있습니다. 폭력적인 TV 프로그램이 어린이에게 나쁜 영향을 주는가라는 단순한 인과관계조차 증명하기 어려워졌습니다. 아무것도 알 수 없습니다.

사람들은 "TV 시청 시간이나 내용이 분명 어린이에게 영향을 미칠 것"이라는 정답을 요구합니다. 하지만 연구에서 그런 사실이 규명되리라는 보장은 없습니다.

국경선 길이를 측정하는 예를 TV에 적용해 봅시다. 우선 폭력물을 어떻게 규정하느냐 하는 문제가 있습니다. 폭력물도 장르를 세분화하면 권선징악적인 폭력물에서, 폭력배 간의 싸움까지 여러 가지가 있습니다. 미국과 동양으로 좀더 세분화하면 결론이 바뀔 가능성이 충분합니다.

폭력 프로그램의 개념을 규정해 결론을 이끌어낸들 과연 거기에 어떤 의미가 있는지도 불분명합니다. 조사 주최와 그 결과를 활용하려는 진영에만 의미 있는 결론이 될지도 모릅니다.

강수 확률 몇%

NHK가 실시하려던 조사에 대해 "어린이가 TV를 얼마나 봐야 영향을 받기 시작하는지 철저하고도 구체적인 연구가 이뤄져야 한다."는 의견이 나왔습니다. 이는 '이렇게 하면 저렇게 된다.'는 사고 방식의 전형입니다. 모든 것에 인과 관계가 성립한다는 전제 위에 서 있습니다. 하지만 꼭 그럴까요.

TV 폭력물과 어린이의 행동 사이에는 아무런 관계가 없다는 결론이 나올 수도 있습니다. 그런 결론이 나왔다고 연구가 아무 의미도 없는 걸까요. 그렇지 않습니다. 우리들이 예상하지 못했던, 좀더 고차원적인 규칙이 발견될지도 모릅니다. 인간은 그런 과정을 통해 새로운 뭔가를 발견해 왔습니다.

상상도 못했던, 더욱더 멋진 사실을 알게 될 가능성도 있습니다. TV 시청 시간과 특정 사안 간의 관계를 밝혀낼 수도 있습니다. 폭력물이건 교육 프로그램이건 내용과 관계없이 장시간 시청하면 영향을 받는다는 사실이 규명될 수도 있습니다.

특정 연구에 결론을 요구하는 것 자체는 불가피합니다. 날씨를 예로 들자면 "소수점 몇 자리까지 인정하느냐에 따라 결과가 정반대로 바뀔 수도 있으니, 내일 날씨는 예측할 수 없습니다."라고 말할 수는 없는 노릇입니다. 그래서 현실적으론 내일 비가 온다고 말하는 대신 '강수 확률이 몇%'란 식으로 발표하는 겁니다.

예측은 장기 예보가 될수록 맞을 확률이 급격히 떨어집니다. 그럼에도 장기 예보를 계속하는 것은 사람들이 원하기 때문입니다. 하지만 결과는 점쟁이를 찾아가는 것과 큰 차이가 없습니다.

시스템의 복잡함

카오스 이론은 크게 환영받지 못하고 있습니다. 사회가 기본적으로 과학적 객관성, 일원적 현실을 전제로 하기 때문입니다. 그래서 저는 항상 NHK를 비판하는 겁니다. "NHK가 내세우는 객관, 공정, 중립 따위는 말도 안 되는 거짓"이라고 비판합니다.

시스템 속에서 인과 관계를 파악해 내는 것은 매우 어려운 작업입니다. 예를 들어 '인터넷' 때문에 범죄가 늘어난다는 주장이 있습니다. 인터넷이 범죄의 도구로 사용된다는 것은 분명한 사실입니다. 인터넷이 없었다면 인터넷을 이용한 범죄는 일어나지 않았을 겁니다. 중세에는 당연히 그런 범죄가 없었습니다. 하지만 중세에는 중세 나름의 범죄가 있었습니다. 칼로 사람을 죽이는 사건도 지금보다 많았겠죠. 이것이 시스템의 골치 아픈 부분입니다.

과학적 논리로 사회 시스템의 문제를 모두 해결할 수 있다고 생각하는 사람들이 많습니다. 하지만 이는 '정답은 반드시 있다.' '이렇게 하면 꼭 저렇게 된다.'는 식의 과학적 논리가 사람들에게 안겨 준 '과학적 착각'입니다.

오늘날 문제가 되는 것이 사회 시스템, 구체적으로 말하자면 행정 시스템입니다. 행정 시스템을 생각할 때는 '이렇게 하면 반드시 저렇게 된다.'는 사고 방식을 절반 정도는 버려야 합니다. 카오스 이론이나 프랙털 이론 모두 사회가 지나치게 한 방향으로 치우쳐 버렸기 때문에 발생한 구멍을 메우기 위해 태어난 이론입니다.

'세상만사를 과학 이론으로 설명할 수는 없다.' '사회는 기승전결에 따라 규칙적으로 흘러가는 것만은 아니다.'라는 사실을 발견한 것입니다.

논리 정연한 얘기만큼 거짓으로 가득 찬 것도 없습니다. 자연과 인간 사회가 논리 정연할 까닭이 없기 때문입니다. 논리 정연하다는 것은 질서가 완벽히 잡혀 있다는 말입니다. 하지만 논리로 모든 것이 해결되지 않는다는 점은 과학의 대표 분야인 물리에서조차 명백한 진리입니다.

엔트로피와 까마귀

한 지역에 논리 정연한 질서가 성립되면, 그 곳에 있던 무질서가 다른 장소로 이동해 갑니다. 무질서가 늘어나는 것을 '엔트로피가 증가한다.'고 표현합니다.

엔트로피의 법칙이 나온 것은 19세기입니다. 그러나 오늘날에도 그 의미는 99% 이해되지 못하고 있습니다. "도시에선 까마귀가 해악만 끼치니 박멸하라."는 주장이 나오는 것이 그 증거입니다.

하지만 까마귀를 없애면 비둘기가 날뛸 것이고 비둘기의 배설물이 사회 문제가 될 것입니다. 이것이 '질서를 확립하면 무질서가 사회의 다른 공간으로 이동한다.'의 뜻입니다. 성가시다는 이유만으로 까마귀를 죽이면 다른 문제가 불거져 나옵니다.

까마귀를 박멸하라고 주장하는 사람은 "전에는 까마귀가 이렇게 많지 않았다. 까마귀가 늘어나는 것은 자연스러운 현상이 아니다."라고 생각할 것입니다. 그렇다면 인간이 지구상의 한 곳에 이렇게 많이 모여 살았던 적이 있을까요. 인간의 집중 역시 자연스러운 현상이 아닙니다. 결국 무리하게 도시를 만들었기 때문에 까마귀가 늘어난 것입니다. 까마귀의 증가는 환경의 변화에 적응한 것에 불과합니다. 늘어난 까마귀를 박멸하면 비둘기가 늘어나고, 비둘기를 박멸하면 바퀴벌레가 급증할 수도 있습니다.

이에 대해선 다음과 같은 반론이 나올 수 있습니다.

"그렇다면 까마귀나 비둘기를 방치하라는 말이냐. 아무 조치도 취하지 않으면 사회는 무기력해질 뿐이다."

이 이론은 도미노 이론과 마찬가지입니다. 미국은 도미노 이론에 근거해 1950년대 이후 외교 전략을 짜왔습니다. 중국이 공산화되자 "다음은 베트남이 공산화될 것이고 그러면 캄보디아와 라오스도 위험해진다. 다음은 타이와 말레이시아가 공산국이 될지도 모른다. 결국 도미노처럼 무너질 것이다."라는 논리가 나왔습니다. 그래서 베트남전에 개입했던 것입니다.

지금 서아시아에서 벌어지고 있는 '테러와의 전쟁' 배경에도 도미노 이론이 있습니다. 이라크를 민주화하면 이웃 나라들도 민주화되고, 민주화가 속속 달성되면 세계는 평화로워진다는 겁니다.

논리는 그럴듯해 보입니다. 하지만 상식적으로 생각해 봅시다. 미국이 공산주의의 도미노화를 우려했지만 공산주의가 그런 방식을 통해 확산되는 것이라면, 어쩔 수 없는 일 아닐까요. 하지만 공산주의는 그리 좋은 것이 아니기 때문에 확산되지 않았습니다. 공산주의 국가들이 속속 노선을 바꿔 갔습니다. 만약 민주화가 좋은 것이라면 미국의 의지와 무관하게 언젠가는 정착할 것입니다.

현실을 인정하라

까마귀가 많다는 현실을 인정해야 합니다. 까마귀가 성가시고 위험하고 불쾌감을 준다는 사실도 인정해야 합니다. 대신 까마귀를 통제하는 방법을 연구해야 합니다. 까마귀를 말살하자는 논리로는 아무것도 해결하지 못합니다. 오히려 골치 아픈 새로운 문제가 생겨날 가능성이 있습니다.

인간은 어느 정도 무질서한 상태를 용인할 수밖에 없습니다.

그래서 사회는 '자유'를 중요한 가치로 삼고 있는 것입니다.

경제학은 현실적으로 별 보탬이 되지 않는다는 말을 듣곤 합니다. 당연합니다. 학문의 단순한 원리로 매우 복잡한 사회 시스템을 예측할 수 있다고 생각하는 것 자체가 착각입니다. 최소한 경제학은 그런 진리를 증명해 주고 있습니다.

경제학이 의미가 없다는 것은 아닙니다.

"열심히 했지만 답을 얻을 수 없다는 사실을 알았다. 알 수 없다는 사실을 깨달았다."

이것이 바로 의미 있는 일이 아닐까요.

아무리 완벽한 사회를 만들어내도 문제를 일으키는 사람은 나오기 마련입니다. 구성원 전원이 완벽한 경우는 없습니다.

완벽함이란 모두가 100퍼센트 만족하는 상태입니다. 머릿속으로 생각해 낸 완벽한 제도를 시행하면 사회가 좋은 방향으로 갈 것이라고들 생각합니다. 하지만 그런 질서와 단결이 계속 유지될 수 있을까요. 원칙을 완벽히 관철하는 것이 개선을 위한 길이라고 생각하는 사람이 매우 많습니다. 하지만 모세의 십계는 수천 년 동안이나 지켜지지 않은 채로 내려오고 있습니다. 돈독한 기독교인조차 지키지 않는 경우가 있습니다. 십계가 그리 간단히 실현할 수 없는 계율이란 사실을 알 수 있습니다.

12

최선을 다하라

시체를 다루기 시작할 무렵 저는 조교수였습니다. 당시 교수가 "그건 조교수가 할 일이 아니에요."라고 말했습니다. 분명 다른 사람에게 맡겼다면 편했겠지요. 하지만 남에게 맡긴다면 제게 보탬이 되지 않을 것이라고 생각했기 때문에, 교수의 말을 무시한 채 계속 시체와 씨름했습니다. 마음속으로 '이건 내 일'이라고 다짐했습니다. 그 때 비로소 스승에게서 독립했고, 제 자신의 판단에 따라 움직일 수 있게 됐습니다. 처음으로 어른이 됐다고 느꼈습니다.

오해의 자유

국어 시험에는 종종 '필자가 주장하는 내용을 고르라.'는 객관식 문제가 나옵니다. 그런데 문제에 제시된 선택지를 본 필자 본인이 "뭐가 정답인지 모르겠다. 내 주장은 그런 것이 아니다."라며 항의하는 일이 벌어지곤 합니다.

저는 '필자가 하고 싶었던 말'이 무엇인지를 묻는 것 자체가 이상하다고 생각합니다. 그런 시험은 '오해의 자유는 없다.'는 사실을 가르치려는 것과 마찬가지이기 때문입니다. 오해의 자유는 분명 존재합니다.

저의 졸저인 『유뇌론(唯腦論)』이 '뇌가 곧 모든 것'이라는 주장을 담고 있다고 생각하는 독자들이 많습니다. 하지만 이는 분명 오해입니다. 『유뇌론』은 '세상에는 뇌로 느끼는 것 외에도 많은 것들이 존재한다'고 주장했던 책입니다. 『바보의 벽』이란 책에서도 줄곧 주장했듯이 의식이 세상의 모든 것은 아닙니다. 하지만 책 역시 많은 오해를 받았습니다. 그런 오해를 통해 '바보의 벽'이 실재한다는 사실을 절감했습니다. 하지만 독자들의 오해에 화내지 않기로 했습니다. 손해 보는 것은 제가 아니라 제 주장을 오해한 사람이라고 생각하기 때문입니다.

예를 들어 『유뇌론』에서 제가 한 말을 오해한 사람이 있다고 합시다. 그 때 손해 보는 것은 저자인 제가 아니라 오해한 독자입니다. 오해한 만큼 진리에서 멀어집니다. 물론 제 주장이 진리라는 전제가 있어야겠지요.

오해하는 사람이 손해

NHK가 '오해와 마음'이란 시리즈 프로그램 제작에 앞서 자문위원회를 만들었습니다. 저도 그 위원회에 참여했습니다. NHK 측은 "뇌를 과학적으로 분석하는 프로그램을 만들 예정이며 선생님들의 고견을 듣고 싶다."고 했습니다.

모임에서 한 위원이 "뇌에 관한 프로그램은 오해를 불러일으킬 소지가 매우 크므로 각별히 주의해야 한다."고 강조했습니다. 그 의견에 동조하는 위원들도 있었습니다.

저는 다른 의견을 냈습니다.

"20년 가까이 결혼 생활을 해왔지만 집사람이 도대체 무슨 생각을 하는지 아직도 잘 모르겠습니다. 결혼한 부부 사이도 이러한데, 인간이 오해한다는 것은 당연한 일 아닐까요. 그러니 신경 쓰지 말고 독자적인 판단 아래 프로그램을 만들어 주세요."

오해는, 오해하는 사람의 자유입니다. 막을 수 없습니다. 각자가 매사에 정확을 기하는 수밖에 없습니다. 그리고 대개 오해한 사람이 손해를 봅니다.

제가 어떤 사람에게 길을 정확히 가르쳐 줬는데, 그 사람이 길을 가다가 오른쪽과 왼쪽을 헷갈렸다고 합시다. 이 경우 손해 보는 것은 길을 헷갈린 사람입니다. 친절한 사람이라면 뒤쫓아 가서 다시 가르쳐 주겠지요. 그런 면에서 저는 불친절한 인간입니다. 길을 물은 사람 자신의 노력으로 바른길을 찾아내야 한다는 것이 제 생각입니다.

한 정신과 학회 회장이 전화를 걸어 와 오랜 시간 항의했습니다. 이 역시 오해와 관련된 얘기입니다.

"당신이 그런 식으로 얘기하니까 환자들이 오해하지 않느냐. 우리들이 그 동안 해온 얘기와 정반대되는 주장을 하면 어쩌란 말이냐."

저는 이렇게 반론했습니다.

"환자에게 회장님이 맞다고 설명하면 되지 않을까요."

그 회장이 하고 싶었던 말은, 환자가 제 말을 믿으면 자신들이 오랜 기간 쌓아 온 의사에 대한 신뢰가 무너진다는 것이었습니다. 하지만 그 말은, 환자가 주치의보다도 TV에 나온 녀석을 더 믿을 것이란 전제를 깔고 있습니다.

그가 환자에게 "요로 다케시가 틀렸다."고 하면 되는 것입니다. 결국 그 회장이 하고 싶었던 말은 "왜 그런 귀찮은 일을 하게 만드느냐."였던 것 같습니다.

'본분을 안다'

사람은 오해를 받으면 화를 냅니다. 하지만 화를 내기 전에 왜 세상이 자신을 그런 식으로 보는지도 생각해야 합니다. 상대편 생각이 맞을지도 모릅니다. 또 자신을 제외한 세상 모든 사람이 그렇게 생각하고 있을지도 모릅니다.

오해가 발생하기 때문에 세상에는 공적인 규칙이 필요합니다. '~다움'이 바로 그런 규칙입니다. 남자다움, 여자다움, 영주(領主)다움.

모두들 자신의 본분을 확실히 알아야 합니다. 본분이 무엇인지 명확해지면 오해가 생기지 않습니다. 자신의 본분 내에서만 행동할 수밖에 없습니다. 본분을 알면 사회적 인간으로서 자신의 역할을 해낼 수 있습니다.

요즘은 '본분을 안다.'는 단어 자체가 사어(死語)가 된 듯합니다. '역할'이 속속 사라지고 있기 때문입니다. 실제로 영주는 사라졌습니다. 또 남자는 남자답고 여자는 여자다워야 한다고 주장하면 "옛날 얘기 한다"고 합니다.

저는 책을 쓰기 시작하면서 공무원을 그만둬야겠다고 생각했습니다. 저의 윤리 의식이 그런 지시를 했습니다. 책을 통해 나름의 주장을 펼치면 '국립 도쿄 대학 교수가 그런 식으로 써도 되느냐.'는 반응이 오기 때문입니다.

예를 들어 '저는 영어로 논문을 쓰지 않습니다.'라고 책에 쓴 적이 있습니다. 그러자 학생들에게 영어로 논문을 쓰라고 지도했던 교수들이 항의해 왔습니다. "도쿄 대학 교수가 그런 말을 해도 됩니까. 저희들 입장이 난처해집니다."라고 했습니다. 그들이 제 뜻을 이해하지 못했던 겁니다. 하지만 "오해하신 것"이라고 일일이 설명할 의무는 없습니다.

교수들이 "그 책을 쓴 사람이 이상한 거야."라고 학생들에게 말해 주면 됩니다. 그런 식으로 해명해도 저는 전혀 기분이 상하지 않습니다. 물론 일본 사회에는 "국립 도쿄 대학 교수가 말했으니 맞을 것"이라고 생각하는 사람이 많습니다.

자신의 내부에 확고한 원칙이 있기 때문에 글을 쓰는 것입니다. 계속 글을 쓰다 보니 세상과 충돌이 일어납니다.

이런 상황에서는 두 가지 선택 방안이 있습니다. 첫째 "내 생각을 펼치는 것은 엄연한 언론의 자유"라며 일체 신경 쓰지 않는 것입니다.

둘째는 좀더 온당한 사고 방식입니다. 국립 대학 교수가 아니라, 사적인 존재인 '나'로 돌아가는 것입니다. 제 발언이 도쿄 대학이란 사회에서 문제가 됐습니다. 학문을 하는 자라면 자신이 옳다고 믿는 것을 말해야 하지만, 저는 굳이 세상을 옳은 방향으로 개조하려는 생각은 없습니다. 제 발언 때문에 세상에 불필요한 알력이 생겨난다면 (도쿄 대학 교수 신분이 아닌) '나'로서 글을 쓰는 수밖에 없습니다. 개인의 '나'로서 글을 쓸 경우에는 헌법이 보장하는 사상·종교·표현의 자유를 누릴 수 있기 때문에 그 누구를 의식하거나 배려하지 않아도 됩니다. 이것이 바로 대학에 사표를 낸 이유 중 하나였습니다.

망설이지 말고 시작하라

이처럼 직업은 사소한 일 때문에 바뀌기도 합니다. 따라서 직업을 선택하기에 앞서 어떤 회사에 취직할지 걱정하기보다는, 눈앞의 구멍을 메우는 식으로 직업을 선택하라고 제안해 온 것입니다.

평생 한 직업에만 종사하는 사람이 많은 것 같지만, 사실은 공무원조차 2년에 한 번은 인사 이동 등으로 담당 분야가 바뀝니다. 직장 내 이동이기는 하지만 이 역시 작은 전직입니다. 그런 점을 감안하면 직장을 고르기 전에 치밀하게 이것저것 따져봤자 큰 의미가 없다는 것을 알 수 있습니다.

회사도 마찬가지입니다. 가전업체에 취직한 뒤에도 인사, 경리, 기술직을 전전할 수 있습니다. 각 분야는 일의 성격이 전혀 다릅니다. 기술 분야로 국한해도 냉장고와 TV는 일의 내용이 다르지요. 그러니 망설이지 말고 우선 일을 시작하라는 것입니다. 실제로 일을 해 봐야 자신에게 맞는지 안 맞는지 알 수 있습니다.

또 한 마디 충고하자면 자신에게 (보답이) '돌아올 것' 같은 일을 해야 합니다. 돌아온다는 것은 배움을 얻을 수 있다는 의미입니다. 저는 시체를 다룬 덕분에 제가 하는 일에 큰 자신을 갖게 됐습니다.

스스로 판단하고 결정하라

시체를 다룬다는 것은 꽤 골치 아픈 일입니다. 항의를 받기도 하고, 큰 문제로 비화하기도 합니다. 해부를 못하게 된 경우도 있었습니다.

언젠가 친척들이 몰려와 "(죽은) 형이 해부 대상이 됐다는 얘기는 한 번도 통보받지 못했다. 아들놈이 멋대로 정한 짓이다."라며 항의했습니다. 법률적으론 아버지의 시신도 상속 대상이며, 시신에 대한 권리는 아들에게 있습니다. 하지만 법이 모든 것을 해결해 주지는 못합니다.

사람들은 이런 문제를 골치 아파합니다. 하지만 저는 제가 직접 나서서 해결해야 한다고 생각했습니다. 왜냐하면 시체는 저의 가장 중요한 거래처이기 때문입니다. 가장 중요한 거래처와 관련된 문제는 모두 제가 해결해야 합니다. 바로 제 일이고, 그 일을 외면한다면 일을 했다고 할 수 없기 때문입니다. 그런 골치 아픈 일은 타인에게 맡겨 버린 채 하고 싶은 것만 골라 하는 것은 자신의 성장에 도움이 되지 않습니다.

자신이 판단하고 결정해야 합니다. 유족에게 얻어맞더라도 누구를 탓해서는 안 됩니다. 저는 실제로 앞에서 소개한 친척분들에게 얻어맞았습니다. 하지만 덕분에 상대를 쫓아낼 수 있었습니다. 항의하는 상대에 대한 대처법을 그 때 터득했습니다.

친척분들도 분이 풀리고 체면이 섰을 겁니다. 고향에 돌아가 "도쿄 대학의 의사란 놈을 패주고 왔다."고 했을 것이고 모두들 "고생 많았다."고 위로해 줬을 것입니다.

친척분들이 고향에서 저를 욕하더라도 제가 손해 볼 일은 없습니다. 해부는 원활히 진행됐고, 친척들 동의 없이 해부를 승인했던 아들도 한숨 돌릴 수 있었습니다.

물론 항의를 받았을 때 그런 것까지 미리 생각해 둔 것은 아닙니다. 하지만 일에 전력투구하다 보면 자연스럽게 가장 좋은 해결 방향으로 나아가게 됩니다.

정면 승부하라

최선을 다해야 할 때 도망가는 것이 가장 나쁩니다. 골치 아픈 일에는 정면으로 맞서야 합니다.

젊은 사람들은 저의 이런 주장에 동의하지 않을 수도 있습니다. 상황에 맞게, 요령껏 하는 것이 좋은 것 아니냐고 생각할 수 있습니다. 하지만 저는 난관에 정면으로 맞서지 않고 회피했던 사람이 후일 어떻게 됐는지 목격해 왔습니다. 일이 커지기 전에 정면으로 부딪쳤다면 좋았을 것이라는 생각이 드는 경우가 많았습니다. 현장을 회피하면 인생의 소중한 교훈을 얻을 기회를 놓치고 맙니다. 그리고 젊은 시절 회피했던 일은 후일 반드시 어떤 모양으로건 다시 그 사람을 찾아옵니다.

시신(屍身) 전시회를 개최한 적이 있습니다. 일반 공개는 세계 최초였습니다. 시신을 장기 보존할 수 있는 '플라스티네이션(plastination)'이란 특수 기술을 사용했습니다.

당시 저는 문제가 생기더라도 당당히 맞설 각오가 돼 있었습니다. 그렇기 때문에 과감히 시신 전시회를 열 수 있었던 겁니다. '시체의 문제'에 관한 한 저 이상으로 깊이 생각한 사람은 없을 것이기 때문에 자신이 있었습니다.

시체 전시에 항의하는 사람이 무슨 말을 하더라도 반론할 자신이 있었습니다. 항의하는 사람들의 논리는 대부분 제 자신이 오랜 기간 거듭 생각하고 고민했던 문제들입니다. 그리고 저는 그런 문제에 정면으로 맞섰고 해결했고 답을 얻어냈습니다. 어떤 항의건 그들을 설득시킬 답변을 갖고 있었던 셈입니다.

실제로 한 부랑자가 "우리 같은 하층민의 시체를 당신이 허가도 받지 않고 해부하고 있는 것 아니냐."고 항의했습니다. 해부의 유래와 방식 등을 설명하자 그는 순순히 돌아갔습니다. 원칙이 있다면 모든 것을 해결할 수 있습니다.

전시회를 열었을 때 "문제가 생기면 나를 부르라."고 직원들에게 미리 얘기해 뒀습니다. 그러면 직원들도 안심합니다. 그래서 제가 전시회를 관장하는 동안에는 한 번도 문제가 생기지 않았습니다. 물론 운이 좋았던 것이, 그 후 전시회가 세계 각지에서 순회 전시됐을 때는 여러 번 문제가 발생했습니다.

어떤 사람은 시체 보는 것을 꺼립니다. 그건 그 사람의 자유입니다. 하지만 시체를 보고 싶지 않다는 것과, 그러니 시체 전시회를 열지 말라는 것은 별개의 문제입니다.

전시회를 반대하는 사람들도 결국은 모두 죽습니다. 그들은 죽었을 때의 자신의 모습을 전시회를 통해 보면서 비참하게 변할 자신의 모습을 인정하고 싶지 않은 것입니다. 자신을 받아들이지 못하는 사람이 타인에게 지시를 내릴 권리는 없습니다.

하찮은 일에도 최선을 다하라

사람들의 불만이나 항의를 들어주는 직종을 '잡업(雜業)'이라 부르는 사람이 있습니다. 저는 잡업을 권합니다. 젊을 때는 다양한 일을 해보는 것이 좋습니다. 하지만 무슨 일을 하더라도 가볍게 보거나 적당히 해서는 안 됩니다. 그래 가지곤 도움이 되지 않으니까요.

직장을 고르는 것도 마찬가지입니다. 실패해도 상관 없다는 마음가짐으로 일을 해서는 안 됩니다. 일이 한층 더 싫어질 겁니다. 강력한 동기 부여가 없다면, 하고 싶지 않은 일은 더더욱 하기 싫어질 뿐입니다.

자신의 논리에만 빠지면 손해를 봅니다. 자신에 대한 스스로의 평가가 타인의 의견보다 훨씬 정확하지 못한 경우가 많습니다. 자신만의 논리에 빠진다는 것이 바로 젊다는 증거입니다.

일에 푹 빠져들면 자기 자신 따위를 주장할 여유가 없습니다. 벨트 컨베이어 앞에 서 있는 작업원과 다를 바가 없습니다. 지나가는 부품을 놓치지 않기 위해 땀 흘리던 〈모던 타임스〉란 영화의 채플린을 연상하시면 됩니다. 정신 없이 일에 빠집니다. 그러면 되는 겁니다.

한 가지 일에서 배운 경험이 또다른 뭔가를 생각하게 해주는 계기가 되기도 합니다. 자신이 의식적으로, 또는 적극적으로 하는 것이 아니라, 누군가가 강제로 시켜야만 경험할 수 있는 것도 분명 있습니다. 그런 사실을 알기 때문에 남이 시키는 대로 일을 하기도 하는 것입니다. 나돌아다니다 보면 뜻하지 않은 행운을 만나기도 하는 법이죠.

젊을 때는 저도 머리로만 생각하는 경향이 있었습니다. 그러던 것이 중년으로 접어들면서 변했습니다. 해부를 통해 다양한 일을 한 것이 가장 큰 도움이 됐습니다. 해부뿐만 아니라 관리직 일도 했습니다. 덕분에 많이 성장했습니다. 일이 잘 풀리건 문제가 발생하건, 책임은 제가 졌습니다. 그러다 보니 저절로 어른이 되어 갔습니다.

시체를 다루기 시작할 무렵 저는 조교수였습니다. 당시 교수가 "그건 조교수가 할 일이 아니에요."라고 말했습니다. 분명 다른 사람에게 맡겼다면 편했겠지요. 하지만 남에게 맡긴다면 제게 보탬이 되지 않을 것이라고 생각했기 때문에, 교수의 말을 무시한 채 계속 시체와 씨름했습니다. 마음속으로 '이건 내 일'이라고 다짐했습니다. 그 때 비로소 스승에게서 독립했고, 제 자신의 판단에 따라 움직일 수 있게 됐습니다. 처음으로 어른이 됐다고 느꼈습니다.

글을 쓰고 나서

대담(對談)한 내용을 책으로 펴낸다는 것은 사람들 앞에서 벌거숭이가 되는 것이나 마찬가지입니다. 본심이 튀어나와 버리기 때문입니다. 글로 쓰면 본심을 어느 정도 감출 수 있습니다. 하지만 대담을 책으로 출간하면, 분출된 감정이 그대로 문자가 돼 버립니다. 요즘 젊은이들은 휴대 전화로 정신 없이 '문자'를 보내는데, 그들의 심정을 알 듯합니다.

'사람들이 내 말에 섞여 나온 감정에 민감한 반응을 보이지 않을까.'

요즘은 사람들 반응을 읽기가 쉽지 않아 불안합니다. 저와 마음과 생각이 통하는 독자만 있는 것이 아니기 때문입니다. 눈앞에 상대가 있을 때와 없을 때는 크게 달라집니다.

이 책도 신초샤(新潮社)의 고토 유지(後藤裕二) 씨 및 아다치 마호(足立眞穂) 씨와의 대화를 토대로 했습니다. 이로써 『바보의 벽』이후 세 권째이며, 이제는 그만 쓰는 것이 좋을 것 같습니다.

현대 사회는 분명 문제가 있습니다. "그런 소리 하는 걸 보니 나이 먹었네."라고 한다면 할 말은 없습니다. 하지만 나이 탓이 아니라면 '노인이 세상에 대해 뭔가 말했다.'는 정도의 의미 부여는 가능할 것입니다. 제가 책을 내는 것은 현대 사회에 문제가 있다고 생각하기 때문입니다. 사물을 보는 시각, 사고 방식에 문제가 있다고 봅니다.

요즘 세상의 시각과 사고는 왠지 비정상적입니다. 『바보의 벽』, 『죽음의 벽』과 이 책은 같은 주제를 다른 예를 들어 가며 설명한 것입니다. 저의 사고 수준으로도 70세 가까운 나이까지 살아올 수 있었습니다. 운이 좋았는지, 시대가 좋았는지, 하늘의 도움인지는 확실치 않습니다.

제 생각이 여러분에게 도움이 된다면 저로서는 더없이 행복한 일입니다. 지금까지 나온 두 권의 졸저 덕분에 "살기가 편해졌고 세상을 안심하게 됐다."고 말해 주는 독자가 있습니다. 저 자로서 그런 사람이 늘어나길 바랐습니다.

책은 제가 썼지만 책 내용에 대해 고민하고 생각할 의무는 독자 여러분에게 있습니다. 곤충 얘기를 빼면, 제 생각은 이제 거의 다 분출해 낸 것 같습니다. 그러니 얼마 남지 않은 인생, 이제는 곤충에만 몰두해도 좋을 듯합니다.